Gottlieb Krause

Beziehungen zwischen Habsburg und Burgund

bis zum Ausgang der Trierer Zusammenkunft im Jahre 1473

Gottlieb Krause

Beziehungen zwischen Habsburg und Burgund
bis zum Ausgang der Trierer Zusammenkunft im Jahre 1473

ISBN/EAN: 9783744620635

Hergestellt in Europa, USA, Kanada, Australien, Japan

Cover: Foto ©ninafisch / pixelio.de

Weitere Bücher finden Sie auf **www.hansebooks.com**

BEZIEHUNGEN ZWISCHEN HABSBURG UND BURGUND BIS ZUM AUSGANG DER TRIERER ZUSAMMENKUNFT
IM JAHRE 1473.

INAUGURAL-DISSERTATION

ZUR

ERLANGUNG DER PHILOSOPHISCHEN DOCTORWÜRDE

AN DER

UNIVERSITÄT GÖTTINGEN

VON

GOTTLIEB KRAUSE

AUS KÖNIGSBERG IN PR.

GRAUDENZ,
DRUCK VON G[...]
1[...]

Meinem theuren Grossonkel

Geh. Obermedicinalrath Professor W. Baum

zu Göttingen.

Es ist die Absicht im Folgenden die Fäden auseinander zu legen, welche in so ganz eigenthümlicher Weise zwischen den beiden grossen Herrscherhäusern Habsburg und Burgund vor ihrer Vereinigung und Verschmelzung durch die berühmte Heirath zwischen Maximilian und Maria geknüpft wurden. Sie bilden die Einleitung und das Vorspiel zu dem bedeutungsvollen Ereigniss, in Folge dessen die österreichische Politik in neue Bahnen gelenkt worden ist.

Die zu betrachtenden Verhandlungen ziehen sich über lange Jahre hin, sind vielfach verschlungen und ihrer wahren Gestalt nach oft schwer erkenntlich. Sie erhalten ihren Höhepunkt in der October und November 1473 in Trier stattfindenden Zusammenkunft Friedrichs III. und Karls von Burgund, wo sie dann jäh abbrechen und für immer aufgegeben scheinen.

Der Bedeutung dieser Verhältnisse hat sich Niemand entziehen können, der jene Zeiten behandelte, aber bis vor Kurzem haben sie nicht die sorgfältige Prüfung erfahren, welche ihren ganzen Inhalt hervortreten liesse. Das liegt vielleicht an der Schwierigkeit der Ueberlieferung, an den weitgehenden Verschiedenheiten selbst zeitgenössischer Darstellungen und dem weit zerstreuten urkundlichen Material, dessen wichtigste Stücke zeitlos überliefert, von den Herausgebern fast durchgängig chronologisch falsch fixirt worden sind. In dem 3-bändigen umfangreichen Werke des Amerikaners John Foster Kirk history of Charles the Bold Duke of Burgundy vol. II. p. 173 — 208 (London 1863) finden sich zwar die eigentlich entscheidenden Documente, die besonders von J. Chmel in der I. Abth. im 1. und 2. Bd. der Monumenta Habsburgica (Wien 1854. 1855) abgedruckt sind, bereits benutzt, jedoch nicht genau und in's Einzelne gehend. Der Verfasser wendet den Französischen und Schweizerischen Händeln Karls grössere Aufmerksamkeit zu. Da hat die neueste Zeit eine Dissertation geliefert, die wohl geeignet ist, jene Lücke in der historischen Literatur auszufüllen: Franz Lindner, die Zusammenkunft Kaiser Friedrich III. mit Karl dem Kühnen von Burgund im J. 1473 zu Trier. Cöslin 1876.

Hier ist zum ersten Mal eine Sichtung des vorhandenen Materials vorgenommen, es sind die ursprünglichen von den abgeleiteten Quellen geschieden, und die Darstellung allein auf jene gestützt.

Die Abhandlung kam in meine Hände, als ich bereits mit vorliegender Arbeit im Grossen und Ganzen fertig war, und nahm ich sofort Gelegenheit die Resultate beider von einander unabhängigen Forschungen zu vergleichen. Die Benutzung fast ganz derselben Quellen musste natürlich manche Anklänge von Uebereinstimmung herbeiführen, jedoch zeigte sich in der Auffassung manche wesentliche Verschiedenheit, auch in der Beurtheilung und Werthschätzung der Quellen. Die eingehende Besprechung derselben bei Lindner l. c. p. 3—30 macht eine neue durch mich überflüssig, ich werde an den betreffenden Stellen auf entscheidende Differenzen aufmerksam machen. Die oft sehr willkommenen Angaben in dem Tagebuch der burgundischen Maîtres d'hôtel abgedruckt in Comines Mémoires ed. Lenglet du Fresnoy II. p. 173—221 (Paris 1747) hat Lindner nicht herangezogen. Ausserdem standen mir noch einige urkundliche Mittheilungen zu Gebote, die der verdiente Herausgeber der Scriptores rerum Silesiacarum Herr Dr. Hermann Markgraf in Breslau in den Archiven von Weimar und Bamberg gesammelt und mir mit der liebenswürdigsten Güte zu Theil werden liess.

Nach dem Schlusse der Darstellung lasse ich noch 2 Excurse folgen:

1. Ueber die Höhe der in dem Pfandschaftsvertrage vom Mai 1469 zwischen Karl von Burgund und Erzherzog Sigmund von Oestreich verhandelten Summen.

2. Chronologische Bestimmung der Documente über die Burgundische Heirath aus den Jahren 1469—1473.

Jener Vertrag ist wichtig, weil er den Grund legte zu den Verwickelungen, die Karls Untergang herbeiführten, die Ordnung dieser Urkunden ist nothwendig, da sie von den Herausgebern so gänzlich missverstanden und falsch angesetzt worden sind.

Aus bescheidenen Anfängen hatte sich der Nebenzweig der Valois, welchem im J. 1361 das Herzogthum Burgund als erbliches Lehn zugefallen war, innerhalb eines Jahrhunderts zu einer staunenswerthen Macht und Bedeutung emporgearbeitet. Hier wuchs eine eigenthümliche Staatenbildung heran, die gelenkt von eminent begabten und kraftvollen Fürsten bald gebietend im Ost und West auftreten konnte. Von den Fluthen der Nordsee aufwärts bis zu den Höhen des Jura war dieser Staat ohne feste natürliche Grenzen, auch nicht in seinen einzelnen Theilen continuirlich zusammenhängend und daher immer genöthigt auf wachsamer Hut zu sein gegen die Begehrlichkeit mächtiger Nachbarn. Die staatsklugen burgundischen Herzöge haben es wohl verstanden die weit zerstreuten Glieder ihres Reiches vor auswärtiger Gefahr zu schützen, indem sie im Innern ihre Herrschaft stark und fest gründeten und die reichen Hülfsquellen, die ihre blühenden Lande boten, mehr als andere Territorialherren ihrer Zeit sich erschlossen. Hier wurde zum ersten Mal in Europa ein einheitliches straffes Regiment zur Geltung gebracht, vor dem partikulare Gewalten sich beugen mussten. Die Herzoge waren im recht eigentlichen Sinne Domini ihrer Lande; zwischen ihnen und ihren Unterthanen standen nicht solch' grosse Vasallen, wie in Frankreich, sie waren das allgemeine Oberhaupt und diese in einer Person, indem sie die grossen Lehne, welche an sie gelangt, nie an Andere ausgaben. Daher denn die stets bereite Fähigkeit Burgunds zu politischen Aktionen, die stete Schlagfertigkeit zu Angriff und Vertheidigung. In Folge der Bedingungen und Verhältnisse, die diesem Reiche zu Grunde lagen und sein Wesen ausmachten, war ihm gleichsam von Natur das Streben nach Aussen hin gegeben, das Verlangen sich auszudehnen, zu erweitern, bis es endlich in Ruhe und Sicherheit gelange durch abschliessende natürliche Grenzen. Dieser Zug tritt uns in der Politik der rastlos thätigen Burgunder Fürsten entgegen; von wunderbarem Glücke begleitet, das jede politische Combination zu ihren Gunsten ausschlagen liess, haben sie immer neue herrliche Erwerbungen ihrem alten Besitze zugefügt. Der eigentliche Begründer der Burgundischen Grossmacht war aber Philippus Bonus, besonders als er nach dem Tode der Wittelsbacherin Jakoba 9. Oktober 1436 [1]) sich in den unbestrittenen Besitz der rein Deutschen Grafschaften Holland Zeeland, des Hennegau's und des Dominiums Friesland, d. i. des Frieslands westlich der Lauwers, gesetzt hatte. Mit der rücksichtslosesten Energie ging Philipp hier am Niederrhein in der Aneignung Deutscher Lehne vor trotz aller Proteste der Deutschen Kaiser; er erkannte sehr wohl, wie wenig deren Drohungen zu fürchten waren. Sigmund, der trotz aller seiner Fehler ein reges Bewusstsein seiner hohen Stellung besass, gab sich alle Mühe dem Herzoge die Deutschen Provinzen wieder zu entreissen, kam aber nicht von den Worten zur That. Der Habsburger Friedrich musste sich als Oberhaupt des Reiches naturgemäss auch in feindlichen Gegensatz zu den rechtlosen Usurpationen Philipps stellen; jedoch nur Anfangs, bald machten sich bei ihm die politischen Grundsätze geltend, die seine ganze fernere Regierung durchziehen, vollständige Vernachlässigung seiner Pflichten als Kaiser, sobald sie das Interesse seines Hauses nicht förderten, dagegen sorgsamste Benutzung jeder Gelegenheit, die seinem Geschlechte Ländererwerb und andere Vortheile in Aussicht stellte.

Noch im Jahre 1442 hatte Friedrich bei einer Zusammenkunft mit dem Herzoge in Besançon diesem die Belehnung mit den Holländischen Grafschaften verweigert, als aber in dem Kriege, den die Schweizer gegen ihre alten Erbfeinde die Habsburger in den Jahren 1444 und 1445 führten, der Beitritt Burgunds zur Eidgenossenschaft zu befürchten stand, suchten die beiden Brüder Friedrich und Albrecht dem zuvorzukommen und den mächtigen Fürsten

---

[1]) Franz von Löher, Jacobaea von Bayern und ihre Zeit. 2. Bd. p. 519. (Nördlingen 1869).

auf ihre Seite zu ziehen ¹). Bei den darauf folgenden Verhandlungen, die Oesterreicher Seits durch Erzherzog Albrecht geführt werden, erfahren wir zum ersten Male von dem Plane, das Freundschaftsbündniss zwischen Oesterreich und Burgund durch ein Familienband zu knüpfen und enger zu ketten. Philipp wünschte, dass Katharina, die Schwester des Kaisers, mit seinem Schwestersohn dem von Cleve vermählt werde. Mehr aber lag ihm an der Sanctionirung der Eroberung von Luxemburg, die er kurz vorher, fussend auf dem ganz rechtswidrigen Kaufe von Elisabeth von Görlitz vorgenommen hatte Wenn auch Friedrich, um sich die wichtige Alliance Burgunds zu verschaffen, sich zu Concessionen herbeilassen wollte, wie sie sich kaum für einen Deutschen König schickten, so war doch die Luxemburger Frage besonders schwierig. Böhmen und Sachsen erhoben berechtigte Ansprüche auf das Land, und von letzterer Seite war an Friedrich die Forderung gestellt worden, dass er sich mit Philipp „nit ainen" solle, bevor nicht den sächsischen Rechten auf Luxemburg Genüge geleistet. Daneben aber handelte es sich um eine Gesammtbelehnung Philipps mit Holland, Zeeland, Brabant, Hennegau und den Deutschen Dependenzen in seinen ererbten Ländern; Erzherzog Albrecht erhielt königliche Vollmacht hierüber mit Burgund in Unterhandlung zu treten ²). Zur Ehre Friedrichs muss anerkannt werden, dass er die Belehnung in einer Weise vorgenommen wissen wollte, die jene reichen Deutschen Provinzen dem Reiche erhielt. Sie sollten nur an Philipp und seiner männlichen Descendenz geliehen werden, dringe er aber auch auf die Berücksichtigung der weiblichen Nachfolge, so sollten sie „ihm und seinen Leibeserben überhaupt" ohne specielle Anführung der Töchter gegeben werden. Nicht aber sollte man die Belehnung ihm und seinen Erben überhaupt ertheilen „wan dadurch kem die erbschafft an sein frewnde gen Frankrich, das dem rich vast generlich were"³). Vor jeder Besprechung über die Belehnung sollte aber das Oesterreichisch-Burgundische Bündniss abgeschlossen werden.

Im nächsten Jahre wurden die Verhandlungen äusserst lebhaft

---
¹) Brief Friedrichs an Albrecht. Wien 1445 Febr. 22 bei J. Chmel, Materialien zur österreichischen Geschichte 1. Bd. p. 166 (Wien 1837), und Schreiben desselben an Philipp von demselben Tage ibid. p. 165.
²) Brief 1446 April 7 bei Chmel Materialien I. p. 203—204.
³) Instruktion für Albrecht, 1446 April 8, Chmel Mat. I. p. 205.

geführt. Neben der Belehnungsfrage [1]) tritt jetzt ein Heirathsproject hervor, das Burgund glänzende Aussichten eröffnete. Jene Ehe zwischen Katharina und dem Clever war nicht zu Stande gekommen, sie hatte im J. 1446 Karl, den Sohn des Markgrafen Jacob von Baden geheirathet [2]); nun sollte ein Bund geschlossen werden zwischen Karl, dem einzigen legitimen Sohn Philipps, und Elisabeth, der Schwester des jungen Königs Ladislaus. Der Burgundische Herzog knüpfte hieran lebhafte Hoffnungen von Erhöhung seines eigenen Hauses. Sein Ehrgeiz und Eifer wurde noch mehr entflammt, da zur selben Zeit die Gesandten des Königs von Polen und des Französischen Dauphins um die Hand der Prinzess warben, und er bot alle Mittel der Diplomatie in der er und sein Hof ja alle Cabinette der Europäischen Fürsten übertrafen, auf um in Wien über seine Nebenbuhler den Sieg davon zu tragen. Hier waren bereits wichtige Beziehungen angeknüpft, der einflussreiche kaiserliche Kanzler Caspar Schlick, Graf Ulrich von Cilly und Wolfgang von Wallsee der Burgundischen Sache gewonnen. Auf diesem bereits geebneten Wege gingen zwei Burgundische Gesandten Wilhelm und Heinrich von Heessel, Vater und Sohn, geschickte Vertreter der Burgundischen Staatskunst, vorsichtig und klug vorwärts und erreichten trotz der gleichzeitigen Polnischen und Französischen Bewerbung und einer lebhaften Gegenströmung am kaiserlichen Hofe, dass Friedrich sich den Burgundischen Wünschen zuneigte. Er liess den Gesandten am 30. Juli 1447 erklären, dass er trotz anderer ehrender Bewerbungen die Burgunds vorziehe, wenn der Herzog durch eine geziemende Gesandtschaft mit ausreichender Vollmacht für seinen Sohn werben lassen werde und auf eigene Kosten wegen der Verwandtschaft vom Papst Dispens verschaffe. Nach Oestereichischer Sitte werde Elisabeth

---

[1]) Dieselbe wurde von dem Erzherzoge in die Hand genommen, und Gesandte dieserhalb wurden öfters zwischen den beiden Höfen hin und her geschickt, ohne die Sache zum Abschluss zu bringen. Als der Bischof von Eichstädt die Legation nach Burgund ausgeschlagen (Chmel Mat. I. p. 208) wurde der Markgraf Wilhelm von Rüteln und zwei Räthe dorthin bevollmächtigt (ibid p. 208). Aber die Angelegenheit war nicht leicht, Philipps Forderungen zu gross, und noch im J. 1447 nichts abgemacht. Philipp ungeduldig über die zögernde Reserve der Habsburger mahnte am 3 Juni 1447 den Erzherzog in scharfem Tone, ihm endlich klar die Meinung des Kaisers über die strittigen Punkte mitzutheilen (ibid p. 240).

[2]) Chmel Mat. I. p. 223.

30000 Fl. Mitgift erhalten; er überlasse es Ladislaus, wenn dieser seine Herrschaften in Ruhe besässe, je nach Belieben seiner Schwester mehr zu geben. An diesen Punkt schlossen sich noch eine Reihe anderer, die zur Verhandlung kamen, und in denen Friedrich die grösste Nachgiebigkeit bewies, nur um seine Stellung durch die ihm wichtige Freundschaft Burgunds zu befestigen. Er zeigte sich bereit, dasselbe zum Königreich zu erheben, wenn jene Burgundische Gesandtschaft angelangt. Dann könnte auch über den Namen der neuen Krone berathen werden. Auch war er selbst Willens, eine Prinzess aus dem mit Burgund verschwägerten Portugiesischen Königshause zu ehelichen. Ueber eine Heirath zwischen Ladislaus und einer andern Infantin von Portugal könne er ohne Beredung mit den Böhmischen und Ungarischen Ständen vorläufig nichts bestimmen. Auch in Betreff Luxemburgs liess er sich zu keinen Zusicherungen herbei wegen des Einspruches von Böhmen und des Herzogs Wilhelm von Sachsen [1]).

Der jüngere Heessel, der dem Herzoge Bericht erstattet und ihn dringend bittet, sogleich eine stattliche Gesandtschaft abzuordnen, malt in glühenden Farben die Aussichten von Ehre und Ruhm, die Burgund aus dieser Heirath erwüchsen. Aus der Königskrone könne ihm einst die ruhmreichste aller die kaiserliche zufallen. Kein Schatz auf Erden wäre mit dem Glücke dieser ehelichen Verbindung zu vergleichen, „quum per eam non solum gloria, honor et laus, ymmo preclarissime Burgondie stirpi imperii sacri excellentissima corona, iufinitaque exaltacio in euum consequetur!"

Aber es ist bezeichnend für den nüchternen praktischen politischen Sinn Philipps, wenn er von den sanguinischen Hoffnungen seiner Gesandten wenig berührt, von der leeren Rangerhöhung absieht und vor allem auf grössere Zugeständnisse in den anderen real wichtigen Puncten dringt. Anstatt einer glänzenden Botschaft schickte er seinen Sekretair Adrianus van der Ge [2]) nach Wien, dort neue Vorstellungen zu

---

[1]) S. den hoch interessanten tiefe Einblicke in die Burgundische Diplomatie gestattenden Bericht der Gesandten an H. Philipp aus Wien 1447 August bei Chmel Mat. I. p. 241—245. Aus ihm geht hervor, wie meisterhaft die Gesandten das Mittel der Bestechung anwandten, und wie wenig spröde sich der kaiserliche Hof gegen Burgundisches Gold zeigte.

[2]) Brief Adrianus van der Ge an Erzherzog Albrecht Arras 1448 Juni 3. Chmel Mat. I. p. 287—288.

erheben. Friedrich bequemte sich wirklich zu weiteren Zugeständnissen, versprach die Aussteuer der Prinzessin auf 70000 Fl. zu erhöhen, in Betreff Luxemburgs blieb er aber zurückhaltend wie bisher.

Auch hiemit war Philipp durchaus noch nicht zufrieden, er liess den Erzherzog Albrecht ersuchen, seinen Bruder zu grösseren Concessionen zu bewegen; er verlange völligen Verzicht von Ladislaus und seiner Schwestern auf Luxemburg. Die 70000 Fl. reichten nicht einmal hin, ihm die Kosten zu ersetzen, die ihm die Luxemburger Angelegenheit bereits gemacht.

Die in der That ganz grenzenlosen Forderungen des Herzogs müssen darauf die Sache zerschlagen haben.[1]) Es scheint, als ob ihn dieses Scheitern nicht sehr gedauert hätte, sein heller durch keine Phantasmen getrübter Verstand richtete sich auf die zunächst liegenden Ziele, deren Erreichung ihm positive Vortheile eintrugen. Er verzichtete gern auf den königlichen Titel, wenn er nur im Besitze der Macht eines Königs war. Und fürwahr seine Stellung war grossartig und gebietend! Weithin strahlte sein Ruhm, seine Politik und sein Hof wurden angestaunt und gaben das Vorbild für die anderen Europäischen Fürsten. Der Curie galt er als der eigentliche Hort und die Vormauer gegen die andrängende Türkengefahr, und hoffte sie von ihm die Wiedereroberung des Orients.[2]) Der Kaiser von Trapezunt und andere christliche Herrscher Asiens suchten seine Alliance gegen die Ungläubigen.[3])

---

[1]) 1450 ist eine Heirath zwischen Elisabeth und Friedrich, dem Sohne des Herzogs Friedrich von Sachsen, im Gange Chmel Mat. I. p. 321, im August 1453 heirathete sie den König Kasimir IV. von Polen, Chmel Materialien II p 58—99 (Wien 1838). Nur Friedrich III. schloss wirklich eine Ehe mit einer Infantin von Portugal, mit Eleonora, Schwester des Königs Alphons V. am 1. Aug. 1451 Chmel. Mat. I. p. 349—351.

[2]) „Unus mihi videtur super omnes laudandus princeps, Philippus Burgundiae dux ... cui sunt opes infinitae ... Est religiosus princeps, amat ecclesiam matrem. Cupit ulscisci paternum vulnus imitarique majorum suorum vestigia, quos pro fide orthodoxa constat fuisse ardentissimos." Aeneas Sylvius Epistolae n. 127 (Basileae 1571) p. 655.

[3]) Brief des Kaisers David von Trapezunt an Philipp 1459 Apr. 22. eingefügt in Aen. Sylv. Epist. n. 327 (p. 849); Brief des Gorgora dux Georgianae ibid n. 328, Brief des Georgius Königs der Perser, ibid. n. 330.

In Deutschland nahmen in dieser Zeit die Dinge eine Wendung, die sowohl dem Papste als dem Kaiser allen Einfluss auf die inneren Verhältnisse zu rauben schien und sie zwang, nach einem Retter in dieser Gefahr auszuschauen. Das geschah durch die gewaltige Coalition der Wittelsbacher mit dem Böhmischen König Georg Podiebrad im J. 1460, ein Versuch, die Zustände Deutschlands nach den Wünschen und Bedürfnissen der grössten Territorialherren in demselben umzugestalten. Denn anders ist doch der Reformentwurf Georgs und seines Rathes des berühmten Dr. Martin Mayr nicht aufzufassen. Zwar plante man ein allgemeines Reichsgericht, das unabhängig von kaiserlicher Willkür Ordnung und Frieden in den Deutschen Landen herbeiführen sollte, auch sprach man von einem Concil, das die kirchlichen Verhältnisse regeln sollte und natürlich auf die Grundsätze von Costnitz und Basel zurückgegangen wäre,[1] aber im Grunde betheiligten sich jene Fürsten an dem Plane nur, weil jeder dabei seine Rechnung fand.[2] Georg Podiebrad sollte als Löwenantheil die Römische Krone erhalten; bereits Okt. 1460 sprach er von Friedrich III. als dem „herrn Fridrichen herzogen zw osterreich der sich nennt Romischer Keyser."[3] Aber auch die Wittelsbacher hatten sich gut bedacht, Pfalzgraf Friedrich sollte Reichsoberster und Hauptmann werden[4]), Herzog Ludwig von Bayern Landshut Reichshofmeister[5]), und Beide erhielten die Reichsstatthalterschaft zugesichert für Fälle, wo der neue Deutsche König nicht im Reiche weilte[6]). Anfang 1461 geht die Strömung zu Gunsten einer Böhmischen Wahl

---

[1] Vgl. J. G. Droysen Geschichte der Preussischen Politik. 2. Th. I. Abth. p. 243.

[2] Paul Schweizer Vorgeschichte und Gründung des Schwäbischen Bundes, p. 13 (Zürich 1876) sieht in dieser Beschaffenheit des Bundes richtig die eigentliche Ursache, die jene Entwürfe zerfallen machte.

[3] C. Höfler das kaiserliche Buch des Markgrafen Albrecht Achilles. Vorkurfürstliche Periode (1440—1470) p. 70. (Bayreuth 1850.)

[4] Höfler l. c. p. 53.

[5] Ibid p. 68.

[6] Höfler l. c. p. 68. Die Verabredungen und Abmachungen zwischen Georg und den deutschen Fürsten. Okt. und Nov. 1460 geschahen meistens durch den früher Mainzischen Kanzler jetzt Böhmischen Rath Dr. Martin Mayr; s. über die Verhandlungen mit Johann Erzbischof von Trier, dem Pfalzgrafen, dem Erzbischof Diether von Mainz und Ludwig dem Reichen die Aktenstücke gedruckt in C. Höfler l. c. p. 50—78.

weiter. Auch der Brandenburger Kurfürst Friedrich nähert sich Wittelsbach und Mainz[1]), die Gefahr für den Kaiser schwoll in's ungeheure, besonders da er in seinen Hauslanden den schweren Bruderzwist mit Erzherzog Albrecht durchzukämpfen hatte. Da schlug in die furchtbare Phalanx der Feinde der nie verzagte Markgraf Albrecht Achilles Bresche. Er wies Kaiser und Papst die Wege, die entfremdeten Reichsstände wieder zu gewinnen und dem Böhmisch-Bayrischen Plan den Boden zu entziehen.[2]) Aber in den wilden Kämpfen, die bald in Franken, Bayern und am Rheine tobten, gingen die mächtigen Wittelsbacher als Sieger hervor. Beide vom Kaiser bestellten Reichshauptleute Markgraf Albrecht und Graf Ulrich von Würtemberg[3]) erlitten vollständige Niederlagen. Bei Seckenheim überraschte Friedrich der Pfälzer den Würtemberger, den Markgraf Karl von Baden und dessen Bruder den Bischof von Metz am 30. Juni 1462, schlug ihr Heer in die Flucht und nahm die drei Fürsten selbst gefangen. Wenig später wurde der kühne Albrecht trotz der grössten Tapferkeit bei Gingen von Ludwig besiegt.

Als so die territorialfürstliche Autonomie in Deutschland zu siegen schien, und zugleich in kirchlicher Beziehung das Beispiel Böhmens den Wunsch nach Emancipation von dem Einfluss der Curie rege werden liess, suchten die beiden bedrohten Häupter der Christenheit Hülfe bei Philipp von Burgund.

Bald nach der Seckenheimer Schlacht schrieb Friedrich an den König Karl von Frankreich und an den Burgundischen Herzog um Beistand die gefangenen Fürsten zu befreien.[4]) Vor allem aber

---

[1]) Droysen Preussische Politik. II. 1. p. 250. Wie falsch oft im Reiche bei den Unbetheiligten das Bündniss der antikaiserlichen Partei aufgefasst wurde, zeigt das Schreiben eines Frankfurter Gesandten vom Nürnberger Tage Anfang 1461, es sei allgemeines Gerücht, dass die Kurfürsten an eine Neuwahl zum Römischen Könige dächten, es weise auf Herzog Ludwig oder Friedrich von der Pfalz. K. Menzel Kurfürst Friedrich der Siegreiche von der Pfalz nach seinen Beziehungen zum Reich und zur Reichsreform in d. J. 1454 bis 1464 dargestellt p. 75 (München 1861).

[2]) Werbung des Abgesandten Albrechts Wentzlaw an den Kaiser. März 1461 bei Höfler, kaiserliches Buch. etc p. 80—85.

[3]) J. J. Müller des heil. Römischen Reichs Reichstags-Theatrum wie selbiges unter Keyser Friedrich V. gestanden. 4. Vorst. p. 52—53. (Jena 1713.)

[4]) E. M. Lichnowsky, Geschichte des Hauses Habsburg. VII. Theil, regg, n. 669. 670. (Wien 1843.)

rechnete er auf Burgund und trug kein Bedenken diesem Anerbietungen zu machen, welche die aus dem Jahre 1447 fast übertrafen. Die Vermittlung übernahm der Papst Pius II., der gern diesem Geschäfte sich unterzog. Im Januar 1463 eröffnet er in einem vertraulichen Schreiben an Philipp, dass bei der schweren Schädigung durch die Unbotmässigkeit des Pfalzgrafen und seiner Genossen der Kaiser sich an ihn um Rath gewandt habe. Ihm nun scheine es für das Wohl der Christenheit am besten, wenn Philipp oder dessen schon erwachsener Sohn die Feldhauptmannschaft gegen den Pfälzer, Diether von Isenburg und deren Anhang übernehme und die 3 gefangenen Fürsten aus der Gefangenschaft erlöse. Er bittet ihn das Amt zu übernehmen und erinnert ihn zugleich an sein oft abgegebenes Versprechen gegen die Türken persönlich zu Felde zu ziehen. Dafür nun stellt er ihm im Namen des Kaisers die Bekleidung mit der königlichen Würde in Aussicht, und zwar, setzt er hinzu, sei dieser Gedanke von ihm ausgegangen und angeregt. Auch dächte der Kaiser an eine Verschwägerung mit Burgund, sein Sohn solle des Herzogs Enkelin Maria ehelichen, und Philipp das Reichsvicariat über die linksrheinischen Provinzen erhalten.[1] Hier tritt uns zum ersten Mal der Gedanke einer Heirath zwischen Maximilian und Maria entgegen, der fortan den rothen Faden in diesen Beziehungen bildet. Hier wird schon in bedeutsamer Weise Karls Name genannt, er ist es, der bald darauf dies Projekt wieder aufnimmt und daran Entwürfe weitgehendster Art knüpft.

Philipp aber hielt es durchaus nicht an der Zeit, seine Kräfte in den Deutschen Wirren zu verschwenden. Er hat das ihm zugemuthete Amt nicht angenommen. Auch in der Kreuzzugsfrage zeigte er sich durchaus nicht eifrig. Im März 1464 giebt Pius noch kurz vor seinem Tode der Verwunderung über des Herzogs Lässigkeit Ausdruck, er könne nicht glauben, dass Philipp die ganze

---

[1] Der Brief des Papstes bei J. J. Müller, Reichstagstheatrum 4. Vorst. p. 186—187 trägt das Datum 1463 Jan. 19 (MCCCCLXIII. XIII. Kalend. Febr.) der ältere Abdruck desselben Briefes in der Baseler Ausgabe der Werke des Aeneas Sylvius von 1571 p. 855—856 ist offenbar falsch datirt. Anno incarnationis dominicae MCCCCLXII. decimo quarto Calend. Februarii etc. Am 18. Jan. 1462 war die Schlacht bei Seckenheim noch nicht geschlagen.

Christenheit täuschen werde. Er für sein Theil werde trotz Alter und Kränklichkeit sich dem Zuge unterziehen.¹)

Und ebenso wenig brach Philipp das gute Verhältniss mit dem benachbarten Pfalzgrafen ab.

Die päpstliche Politik hatte eine entschiedene Niederlage erlitten. In Deutschland wurde besonders durch Vermittlung des grossen Böhmenkönigs der Friede zwischen den streitenden Parteien hergestellt. Anfang 1464 musste auch der ungehorsame Pfälzer nach Herausgabe der Gefangenen von der Curie und dem Kaiser wieder in Gnaden aufgenommen werden.

Als am 15. Juni 1467 Herzog Philipp von Burgund in einem Alter von 72 Jahren zu Brügge gestorben war²), folgte ihm sein Sohn Karl, eine der gewaltigsten Herrschergestalten aus der Zeit des sinkenden Mittelalters. Er steht in vieler Beziehung im schroffsten Gegensatze zu seinem Vater. Stand dessen Wesen unter der unbedingten Herrschaft eines kalt berechnenden Verstandes, so hatte Karl von seiner Portugiesischen Mutter das feurige schnell zu Liebe und Hass entflammte Temperament des Südens geerbt. Politisch begabt war er vielleicht mehr wie irgend einer seiner Vorfahren, er erhob sich über dieselben durch den höheren Flug seiner Ideen. Diese aber waren durchaus nicht verwirrt und wechselvoll, wie man sie darzustellen pflegt, sondern weisen bei genauerer Betrachtung immer in dieselbe Richtung: Die Herrschaft über das Deutsche Reich zu erlangen und hier das ohnmächtig darniederliegende Kaiserthum in seiner Person zur alten weltbeherrschenden Stellung emporzuheben. In diesem Plane gipfelt Karls historische Persönlichkeit, er ist in gewissem Sinne ein Vorläufer seines gleichnamigen Ureukels. Die Wege, welche er einschlägt, um zu dem erstrebten Ziele zu gelangen, sind sehr verschlungen und kreuzen sich bisweilen. Oft entsprechen sie auch nur zu sehr den damals herrschenden Grundsätzen bei dem diplomatischen Verkehr der Cabinette unter einander, aber System ist in ihnen, da ihnen ein einigendes Ziel gesetzt ist.

Sobald Karl die Zügel der Regierung in seine starke Hand

---

¹) Brief Pius' II. v. März 1464 Epist. Aen. Sylv. n. 382 (p. 856—858.)

²) M. de Barante histoire des ducs de Bourgogne de la maison de Valois tom. VIII. (IV. ed.) p. 512. (Paris 1826)

genommen, nimmt die Burgundische Politik einen neuen Aufschwung. Bald setzt sie ganz Europa in Bewegung, überall hin zeigt sich der Einfluss der Diplomatie und Waffen Burgunds. Vor allem aber erfuhr das Verhältniss zum Deutschen Reich eine völlige Wandlung. Hier hatte sich der Herzog das eigentliche Feld seiner Thätigkeit ausersehen. Es ist klar, dass er die Rolle Georgs Podiebrad übernehmen und seinem Burgund die höchste Krone der Welt zuwenden will. Der Versuch geht jetzt von der gerade entgegengesetzten Seite Deutschlands aus, von der westlichen Flanke, er birgt auch andere Bedingungen und zeigt einen andern Charakter. Wenn der Böhmische Plan ja im Ganzen der Entwickelung der Deutschen Reichsverhältnisse, die seit Jahrhunderten der Souverainität der Territorialfürsten zustrebte, entgegenkam und Vorschub leistete, so weisen die Ziele Karls in die Vergangenheit, in die Zeit, als die Kaiser aus eigener Machtvollkommenheit das Reich regierten und die Fürsten desselben ihnen gefügige Vasallen waren.

Schon zu seines Vaters Lebzeiten sucht er die Politik Burgunds in diese Bahnen zu lenken. Er tritt, als er noch den Titel eines Grafen von Charolais führte, mit den bedeutendsten Deutschen Höfen in Beziehung. Im Mai 1465 wird das Bündniss zwischen Burgund und dem Erzbischof Johann von Trier erneuert[1]). Im Sommer desselben Jahres schliesst Karl enge Freundschaftsverträge mit den Wittelsbachern, mit dem Kurfürsten Friedrich[2]) und dem Herzog Ludwig[3]), denen bald auch Philipp selbst beitritt[4]). Zur selben Zeit wird auch Ruprecht Erzbischof von Köln in das Bündniss aufgenommen[5]).

So war das weitaus einflussreichste Fürstengeschlecht in Deutschland gewonnen, und nachdem diese Grundlage geschaffen war, begann eine eifrige Thätigkeit des Burgundischen Cabinets.

In den Jahren 1466 und 1467 laufen verschiedene diplomatische

---

[1]) Urk. in Comines Memoires ed. Lenglet du Fresnoy tom. II. p. 463 bis 466. (Paris 1747.)
[2]) Ibid. p. 470—474. Urk. 1465, Juni 15.
[3]) Ibid. p. 468—470. Urk. 1465, Juni 5.
[4]) Vertrag mit Herzog Ludwig von 1465, Juli 22. Com. ed. Lenglet II., p. 488—490; mit dem Pfalzgrafen von 1465, Sept. 26. Ibid p. 494—496.
[5]) Ibid. p. 496—499.

Fäden parallel, sie sollen alle denselben Plan zur Ausführung bringen. Es kam darauf an neben der Freundschaft mit dem Bayrischen Hause sich auch des guten Willens der Gegner desselben, der Brandenburger, zu versichern. Dazu sollten ihm Anerbietungen von Familienverbindung dienen, die von jedem Fürsten heiss erstrebt wurden. Die Burgundischen Herzoge waren aus dem königlichen Geschlechte der Valois und übertrafen an fürstlicher Herrlichkeit alle Könige Europas.

Im Sommer 1466 wird eine Heirath geplant zwischen Karl, damals noch Grafen von Charolais, und einer Tochter des Kurfürsten Friedrich von Brandenburg, Unterhändler war der Graf Ludwig von Helfenstein [1]). Die Verhandlungen darüber zogen sich in's folgende Jahr, Brandenburg war eifrig bemüht sie zum Abschluss zu bringen. Am 17. Aug. 1467 schreibt der Graf von Helfenstein an den Kurfürsten, so schnell als möglich eine Botschaft nach Burgund abzuordnen, Karln sei auch des Französischen Königs Tochter angetragen. Die Lage der Dinge sei jetzt besonders günstig, zwischen Burgund und Frankreich herrsche eine Spannung in Folge des Lütticher Krieges, auch käme der Krieg zwischen den Herzogen von Cleve und Geldern zu statten [2]). Und in der That ging Karl bereitwillig auf die Brandenburger Eröffnungen ein, bereits am 1. September fertigt er einen Herold dieserhalb an den Grafen ab [3]). Dieser meldete die Ankunft des Burgundischen Boten an den Kurfürsten und bat um fernere Verhaltungsbefehle. Er habe den Herold durch Geschenke „gar willig" gemacht, in dieser Sache dürfe man nicht sparen „es wirt hundertfach wyderumb pracht" [4]).

Wir erfahren nichts weiteres über die Entwicklung dieser Angelegenheit. Karl heirathete am 10. Juli 1468 die Schwester des Englischen Königs, Margaretha von York [5]).

---

[1]) Brief Karls an den Grafen vom Juli 1466 bei Riedel codex dipl. Brandenb. III. Th., Bd. 1, n. 271.
[2]) Riedel, l. c. n. 312
[3]) Riedel, l. c. n 315
[4]) Riedel, l. c. n. 316.
[5]) Pauli Gesch. v. England. V, 380. Wegen der Verheirathung einer Tochter des Markgrafen Friedrich, wohl derselben, von der in vorstehenden Verhandlungen die Rede gewesen, unterhandelt Frühjahr 1469 König Matthias von Ungarn. Höfler Kaiserliches Buch p. 186—189.

Im J. 1467 schien ihm die Freundschaft der Brandenburger für seine Pläne wichtig, zur selben Zeit, wo er durch das Bündniss mit den Wittelsbachern im Süden Deutschlands seinen Einfluss sicherte. Es ging das Gerücht, der junge Pfalzgraf Philipp werde sich mit Karls Tochter Maria vermählen [1]). Der Burgunder schuf sich im Reiche eine breite Grundlage und schien zum Ziele seiner Wünsche zu gelangen, als Papst und Kaiser ihn zum Führer gegen den Ketzerkönig Böhmens ersahen und ihm als Lohn die Römische Königskrone zeigten [2]). Da aber machten es schwere Irrungen dem Herzog unmöglich nach dem höchsten Preise die Hand auszustrecken, der blutige Krieg mit Lüttich Ende des J. 1467 und die bald darauf folgenden Verwicklungen mit seinem gefährlichsten Gegner, König Ludwig XI. von Frankreich.

Der Böhmische König konnte also von dieser Seite sicher sein, und der mit der Curie verbündete Kaiser war genöthigt nach einer andern Stütze zu suchen. Er wandte sich an Matthias Corvinus und lockte ihn mit demselben Antrage, den er Karl gemacht. Der Ungarische König liess sich wirklich bewegen der Vollstrecker des päpstlichen Bannes gegen „Girzik von Podiebrad, den Sohn des Verderbens" zu werden. Bald tobte der Kampf zwischen den zwei grossen östlichen Reichen Jedoch am Anfang des Jahres 1469 wechselte Matthias seine Stellung, die Freundschaft mit Friedrich erkaltete, er unterstützte offenkundig die Steirer und Baumkircher in ihrem Aufstande gegen den Habsburger und schloss Febr. 1469 einen Waffenstillstand mit Böhmen, dem zum Entsetzen des Papstes wenige Wochen später der Frieden folgte. In dieser Zeit kurzen

---

[1]) S. Brief an herrn hansen von Schaumberg von einem Ungenannten Sonntag letare 1467 bei Höfler l. c. p. 116. „Unus ist angelangt von Heidelberg herauf wie der jung Pfalzgraf des von Burgundi dochter soll nemen vnd sei herzog friderich der pfalzgraf darumb noch auss das zu betaydingen". Der Schreiber scheint der Markgraf Albrecht Achilles zu sein. Der junge Pfalzgraf ist nicht, wie Höfler meint, Ludwig, sondern Philipp.
Jedoch im folgenden Jahr war davon nicht mehr die Rede, am 20. Febr. 1468 theilt Markgraf Albrecht seinem Bruder mit, dass der junge Pfalzgraf um eine Tochter des Herzogs Ludwig von Bayern werbe. Riedel cod. dipl. Brandenb. III 1. p. 465.
[2]) Brief des Markgrafen Albrecht „Onolzpach 1467 Okt 7" bei Riedel l. c. III. 1. p. 447; vgl. Droysen Preussische Politik II. 1. p. 341.

Einverständnisses finden wir Georg Podiebrad beflissen, dem Ungarischen Könige die Römische Krone zu verschaffen, er hat den Gedanken sie sich selbst zu erwerben aufgegeben. Es war eine Zeit tiefer nationaler Erniedrigung für Deutschland, wo fremde auswärtige Mächte ungescheut die Entscheidung über die wichtigsten Reichsfragen in die Hand nahmen, und der Kaiser selbst in frevelhafter Weise die höchste Würde feil bot. In Deutschland selbst war alles gespalten und des Gefühls der Zusammengehörigkeit entwöhnt. Man schwankte zwischen einer Wahl Karls und der des Königs von Ungarn. Die Wittelsbacher waren für jene, Georg Podiebrad damals für Matthias. Beide bemühten sich um die Stimmen der Kurfürsten, Georg suchte die beiden Brandenburger Brüder zu gewinnen [1]), Matthias bewarb sich um eine Tochter des Kurfürsten Friedrich von Brandenburg [2]).

Aber plötzlich änderte sich die ganze Sachlage, als Matthias von dem Verlangen nach dem Besitze der Böhmischen Krone erfüllt den Unwillen des Papstes über den Frieden vorschützte und wieder mit Georg brach. Mai 1469 empfing er die Böhmische Krone in Olmütz [3]), der kaum gestillte Kampf ging von neuem an.

Da suchte der schwer bedrängte Böhmenkönig die Hülfe Karls von Burgund, der einst dazu ausersehen war ihm den Untergang zu bereiten. Er schickte am 2. Juli 1469 von Prag aus den schlauen Jürgen von Stein [4]) mit unbedingter Vollmacht nach dem Haag, wo es im Herbste zu folgenden Abmachungen kam: Die verwirrten Zustände und die Noth in der Christenheit erheischten ein kräftiges Oberhaupt, Karl sei der geeignete Mann dazu und müsse zum Römischen König gewählt werden. Georg Podiebrad sei gehalten, nach Möglichkeit sich um die Stimmen der Kurfürsten für die Wahl zu

---

[1]) All' diese Bestrebungen sind ersichtlich aus dem Briefe des Markgrafen Albrecht an seinen Bruder 1469 April 9 in J. v. Minutoli das kaiserliche Buch des Markgrafen Albrecht Achilles. Kurfürstliche Periode (1470 bis 1486) p. 330 (Berlin 1850). Der Brief ist wieder abgedruckt in F. Palacky Urkundliche Beiträge zur Geschichte Böhmens etc. (Font. rer. Austr. 2 Abth. Diplomataria et acta XX. Bd) p. 568—569 (Wien 1860). Vgl. auch Schreiben Albrechts 1469 Juli 1. in Höfler Kaiserliches Buch p. 195.

[2]) Höfler l. c. p. 186--189.

[3]) Palacky Urkundl. Beiträge p. 581.

[4]) Comines ed. Lenglet III. p 116.

bemühen, überhaupt solle er den neuen König in dessen Regierung gegen alle Widersacher unterstützen. Für seine Mühwaltung und die aufgewandten Kosten werde er 200000 rhein. Gulden erhalten und bei Erledigung der Lehen des Grafen von Katzenellenbogen die Anwaltschaft auf dieselben [1]).

Georg Podiebrad hoffte durch eine Aenderung an der Spitze des Reiches sich Ruhe zu verschaffen und seine Söhne in dem Besitze ihrer Würden und Herrschaften zu sichern [2]).

Die höchste weltliche Würde konnte Karl aber nicht ohne Weihe und Anerkennung des geistlichen Oberhauptes erhalten. Burgund war in Rom stets gut angeschrieben gewesen, und seine Boten fanden auch jetzt freundliche Aufnahme. Die Gesandten wurden „vast gnediglich gehanndelt, zu zweyen oder dreyen malen alleyn bey dem bast gewest". Was sie besprachen, wusste man nicht, doch vermuthete man, „ir handel sey das reych berurend vnd das der bast darin willigen sulle" [3]).

Vergebens suchte Ludwig XI. dem entgegenzuarbeiten. Seit der Einkerkerung des Kardinals de Ballue und des Bischofs von Verdun hatte er die Freundschaft des Papstes eingebüsst, seine Botschaft wurde nicht einmal vorgelassen „sie sey aber lanng aldo gelegen vnd bey dem babst ganz vngehort" [4]).

Der Böhmische König, welcher durch die Vermittlung Burgunds mit Rom Frieden zu machen hoffte, warb eifrigst um die Stimmen der Kurfürsten. Waren die Brandenburger gewonnen, so stand der Kaiser isolirt und gänzlich verlassen da und musste sich in Alles fügen. In der dringendsten Weise ging der Böhmische Agent Jürgen von Stein den Markgrafen Albrecht an, sparte weder Versprechungen noch Drohungen. Käme ihm ein offenes Verständ-

---

[1]) S. das lateinische Aktenstück in Comines ed. Lenglet III. p. 116–118 datirt Haag 1469; die Angabe des Tages fehlt. Karl war in der Zeit vom 12. Aug. bis 3. Nov. im Haag. Extrait d'une ancienne chronique in Com. ed. Lenglet II. p. 194.

[2]) „dann er sunst seine sone in furstlichen eren wirden vnd bey jren freyhaiten nicht getrau zu behalten, dann durch die endrung im reich" Palacky Urkundliche Beiträge p. 617.

[3]) Denkzettel über die Werbung Georgs von Stein bei Markgraf Albrecht Jan. 1470. Palacky Urkundliche Beiträge p. 616–619.

[4]) Ibid p. 618.

niss mit Böhmen zu bedenklich vor, so brauchte er nur im Geheimen seine Zustimmung zu geben, damit der König wüsste, „das er seinen (d. i. des Markgrafen) willen hett vnd waran er wer". Die Antwort der beiden Brüder blieb trotz aller Ueberredungskünste ablehnend oder wenigstens ausweichend [1]), und ich möchte in dieser Haltung der Hohenzollern die eigentliche Ursache dafür sehen, dass der Burgundisch-Böhmische Plan nicht zur Ausführung kam. Die in aller Heimlichkeit geführten Verhandlungen erregen das höchste Befremden, da Karl schon einige Zeit vorher sich dem Kaiser genähert hatte, dessen Absetzung er mit dem Böhmen verabredete. Die ihrem Inhalte nach ganz verschiedenen Beziehungen laufen in wunderlicher Weise parallel. Schlug dem Burgundischen Herzoge ein Weg fehl, so führte ihn der andere vielleicht weiter. Friedrich III. scheint keine Ahnung von den Dingen, die hinter seinem Rücken spielten, gehabt zu haben.

Veranlassung zu einer neuen Annäherung zwischen Burgund und Habsburg gaben die Händel des Erzherzogs Sigmund von Tyrol mit der Schweizer Eidgenossenschaft. Im Kampfe von den unbezwinglichen Bergsöhnen besiegt, musste er in den Waldshuter Frieden Sommer 1468 willigen, dem zu Folge er an die Schweizer 10000 Gulden Kriegskosten zu zahlen hatte [2]). Sigmund, der wegen seiner Verschwendungssucht an stetem Geldmangel litt, dachte mit Angst an den Zahlungstermin, der in zehn Monaten ablief. Machten ihm seine bisherigen Erfahrungen doch wenig Muth einen neuen Waffengang zu wagen. Er wandte sich an seinen kaiserlichen Oheim und an die Reichsfürsten um Hülfe und erhielt nur den Rath sich nach auswärts umzusehen und den Beistand des Französischen Königs nachzusuchen. Aber der kluge Ludwig hütete sich wohl auf diesen Handel einzugehen, der ihn in feindliche Berührung mit der kriegsgewaltigen Eidgenossenschaft bringen konnte [3]).

---

[1]) S das schon angeführte wichtige Aktenstück Jan. 1470 in Palacky, Urkundl. Beitr. p. 616—619.
[2]) J. C. Zellweger im Archiv für Schweizerische Geschichte. 5. Bd. p. 12. (Zürich 1847); vgl. J. v. Müller. Geschichte der Schweizerischen Eidgenossenschaft. 4. Theil. p. 570. (Leipzig 1805.)
[3]) Seit der Schlacht bei St. Jacob an der Bins hielt es Frankreich für gerathen, mit der Schweiz ein freundschaftliches Verhältniss anzu-

Die zweimalige Botschaft Sigmunds kam „an ends" zurück, Ludwig vermied ein persönliches Zusammentreffen mit dem Erzherzog, hat ihm aber wohl angedeutet, dass er mit seinem Anliegen bei dem Burgundischen Herzoge Gehör finden werde [1]). So wandte sich dann der Habsburger wirklich nach Burgund [2]). Am 21 März langte er in Arras an, wo die erste Begegnung mit Karl stattfand; vom 22. April an weilten sie in St. Omer [3]) und schlossen hier den für die Folgezeit so hochbedeutsamen Vertrag ab, der dem Burgunder die oberrheinischen Besitzungen Habsburgs überlieferte [4]). Für einen Pfandschilling von 50000 Rheinischen Gulden gab er die Landgrafschaft Elsass, die Grafschaft Pfirt mit Inbegriff vieler Schlösser, Dörfer und Städte im Sund- und Breisgau, als Thann, Sennheim, Altkirch, Ensisheim, Maasmünster etc. [5]) an Karl, dazu die wichtige Stadt Breisach [6]), die vier Rheinstädte Rheinfelden, Säckingen, Lauffenburg und Waldshut, das Schloss Hauenstein nebst

---

streben. Schon Karl VII. schloss Febr. 1452 ein Schutz- u. Freundschaftsbündniss mit den 8 alten Orten. Zellweger Archiv f. Schweiz. Gesch V. p. 75—77.

[1]) F. J. Mone. Einleitung zur Rheimchronik über Peter von Hagenbach in Quellensammlung der badischen Landesgeschichte. 3. Bd. p. 199. (Karlsruhe 1863), und Zellweger Archiv f. Schw. Gesch. V. p. 13.

[2]) Ueber diese Vorgänge haben wir den lebensvollen Bericht von Herzog Sigmund selbst in Chmel Monumenta Habsburgica. 1. Abth. 2. Bd. p. 131—135 (Wien 1855). Er ist ohne Datum, Chmel setzt ihn falsch in das Jahr 1470, er gehört offenbar in den Sommer 1469, vgl. Excurs n. 2.

[3]) Comines et Lenglet. II. p. 193.

[4]) Ueber diesen Vertrag besitzen wir das reichste urkundliche Maierial, besonders die drei reichhaltigen Documente von 1469 Mai 9 abgedruckt von J. C. Zellweger im Schweizerischen Museum für historische Wissenschaften. II. Bd. p. 116—123 und p. 299-301 (Frauenfeld 1838) nach Copieen des Burgundischen Archivs zu Dijon (s l. c. p. 113). Noch reichhaltigeres Détail bietet das Ms. im Oesterreichischen Staatsarchiv, das Chmel einsah, von dem er in den Monum. Habsb. I. p. 3—8 leider nur im Codex eingeschriebene Auszüge der einzelnen Urkunden mittheilt. Wenn die Urkunden bei Zellweger vor allem den Inhalt des Pfandgeschäftes betreffen, so gewähren die Auszüge bei Chmel Einblick in die Abmachungen, welche die Schweizer Frage angingen.

[5]) Erste der Vertragsurkunden bei Zellweger. Schweiz. Museum II. p. 116—117, Chmel Mon. Habsb. I. p. 3

[6]) In Betreff der Uebergabe von Breisach ist eine besondere Urk. zu St. Omer ausgestellt Schweizer Mus. II. p. 299—301; Chmel l. c. p. 7.

dem Habsburgischen Theil der Schwarzwälder [1]). Die Lande waren aber bereits von Sigmund für die Summe von 180000 Gulden versetzt worden; der Burgunder erhielt nun zugestanden, die Ortschaften loszukaufen und in Pfandbesitz zu nehmen. Da Sigmunds Kasse ja immer ein Deficit aufwies, war dies im Grunde eine Berechtigung zum dauernden Besitz der schönen Landstriche. Allerdings sicherte sich Sigmund das Rückkaufsrecht zu, wonach ihm die Ortschaften nach Abzahlung der Pfandsumme von 180000 Fl., des Pfandschillings von 50000 Fl. und der Ausgaben, die Unterhalt und Reparation der Burgen und Schlösser gegen feindliche Angriffe machen würde, wieder zufallen sollten [2]). Karl nahm den Habsburger in seinen Schirm mit allen Landen, Schlössern und Städten wider Jedermann und besonders gegen die Eidgenossen [3]).

Das war in kurzen Zügen das verhängnissvolle Abkommen, das Karl auf eine neue Stufe glänzender Erfolge zu führen schien, jedoch in seinen Folgen seinen tragischen Ausgang bewirken sollte. Es kam dadurch der Schlüssel zu Hochburgund, der Schweiz und dem Deutschen Reich in die Hand Burgunds, so dass es jetzt in ganz anderer Weise im Süden Deutschlands seinen Einfluss geltend machen konnte.

Als Sigmund sich am glänzenden Hoflager Karls aufhielt, kam es zwischen den beiden Herzogen zu freundlichen Besprechungen über eine innigere Verbindung der Häuser Habsburg und Burgund. Der Habsburger war erstaunt über den Glanz und Reichthum, der sich hier seinen Augen aufthat und nichts schien ihm für sein Geschlecht wünschenswerther, als eine Verschwägerung mit Burgund. Sobald er zurückgekehrt, setzt er den Kaiser von seinen Verhandlungen mit Karl in Kenntniss und empfielt ihm in den wärmsten Worten eine Heirath zwischen dem kaiserlichen Sohne und Maria, der Burgundischen Erbtochter. „dann es durch schickung Gottes wol dartzu kommen möchte, das ain so merklicher fal widerumb

---

[1]) Schweiz. Mus. II. p. 117.
[2]) S. die Bestimmungen der 2. Urk. bei Zellweger l. c. p. 121—122; Chmel Mon. Habsb. I. p. 4.
Ueber diese Summen, die bis zuletzt verwirrt und falsch angegeben werden, s. Excurs n. 1.
[3]) Chmel Mon. Habsb. I. p. 96 (Auszug ibid. p. 6)

an das haus Österreich käme vnd fyel, als in langer zeit ye gescheen were" ¹).

Der Kaiser ging begierig auf diesen Gedanken ein, noch im J. 1469 finden wir Oesterr. Gesandten an Karls Hof ²)

Als dieser vom 20. Febr. bis zum 5. April 1470 in Brügge sich aufhielt, erschienen auf's neue Gesandte des Erzherzogs voller Klagen über Gewaltthätigkeit der Schweizer und mit der Meldung, dass dem Kaiser der Heirathsplan angenehm sei und er darin willige einen Tag zu dessen Verhandlung zu beschicken; sie baten um Erklärungen in beiden Angelegenheiten ³).

Dem Herzoge war die erneute Annäherung Oesterreichs, da seine Pläne mit Georg Podiebrad erfolglos geblieben, hoch willkommen. Was ihm dort nicht gelungen, konnte hier vielleicht am sichersten erreicht werden. In der ausführlichsten und bestimmtesten Weise giebt er durch seine Gesandten dem Erzherzoge Antwort. Als conditio sine qua non für das Zustandekommen der Heirath rückt er die Forderung der Römischen Königskrone vor, er lässt sogar durchblicken, dass er am liebsten durch Abdankung Friedrichs sogleich zur Kaiserwürde gelangen möchte. Dann würde er seinen Schwiegersohn Max zum römischen König machen, und die höchste Würde bliebe den Nachkommen der vereinten Geschlechter ⁴). Karl nimmt Bezug auf frühere Verhandlungen, bei

---

¹) Instruction Sigmund für seine Gesandten Ulrich von Frundsberg und Ludwig von Maasmünster an Friedrich III. Chmel Mon. Habsb. II. p. 131—135.

²) Den 28. Sept. sind „Ambassadeurs de Rome Allemagne" etc. bei Karl im Haag, ebenso am 14 November in Brüssel (Comines ed. Lenglet II. p. 194.) Vielleicht war letzteres die Gesandschaft des Markgrafen von Röteln, welche in der Instruktion Karls vom Mai 1470 erwähnt wird (Comines ed. Lenglet III. p. 243).

³) S. den Anfang der ausführlichen und wichtigen Instruktion Karls für seine Gesandten an Sigmund in Comines ed. Lenglet III. p. 238—245. Das von dem Herausgeber falsch an das Ende des J. 1472 gesetzte Document hat Foster Kirk history of Charles the Bold Vol II. p 179 (London 1863) in überzeugender Weise dem Mai 1470 zugewiesen.

⁴) Comines ed. Lenglet III p. 242 „en traittant que mondit Sr. parvenue à l'Empire par le bon plaisir de l'Empereur, ou par son trespas mondit Sr. bailleroit la ditte Couronne des Romains à son beau fils, qui sera tellement que l'Empire se pourroit continuer en la personne du fils de l'Empereur et des descendans de luy".

denen vom Kaiser angeboten sei, Burgund zum Königreich zu machen und ihm das Reichsvicariat über die linksrheinischen Lande zu geben [1]. Er meint wohl die von Pius II. im Auftrage Friedrichs an Philipp gemachten Versprechungen vom J. 1463. Sie genügen ihm jetzt nicht mehr, sondern er spricht nunmehr von der Römischen Krone. Nicht Ehrgeiz treibe ihn zu dem Verlangen, sondern weil er die Tage seiner noch frischen Manneskraft dem Dienste Gottes widmen, den Christenglauben gegen die Ungläubigen vertheidigen und die Rechte des Kaiserthums wieder herstellen wolle [2]. Willige der Kaiser darein, so könne man über die Ehe berathen. Maria sei sein einziges Kind und Erbe, sollte ihm aber noch männliche Nachkommenschaft geboren werden, so müsse sie gegen 100000 Gulden auf die Erbschaft verzichten, die jedoch im Falle sie ohne männliche Descendenz zu hinterlassen stürbe, an Burgund zurückfallen sollten. Als Hochzeitsgabe solle sie nach Deutscher Sitte 10—12000 Fl. nebst den nöthigen Kleinodien erhalten. Der Kaiser müsse seinem Sohn vorläufig einige Herrschaften von wenigstens 50000 Fl. Revenüen zuweisen und ihn öffentlich als Erben erklären. Stürbe Max, so sollte Maria ein Wittweneinkommen von mindestens 25000 Fl. zugesichert erhalten. Dem erstgebornen Sohne der Beiden seien vor allen anderen Prinzen die Oesterreichischen Hauptlande zuzuertheilen. Am festgesetzten Tage werde er zu Breisach seine Tochter standesgemäss ausgestattet den Händen des Kaisers und dessen Sohnes übergeben.

Für noch schwebende Fragen könne ein Tag in irgend einem Orte nahe dem Rhein angesetzt werden, in Basel oder Breisach oder Besançon [3].

Das waren starke Zumuthungen für einen Römisch Deutschen Kaiser, aber dem Habsburger Friedrich war die Aussicht des reichen Erbes zu lockend, als dass er sogleich Alles hätte von der Hand weisen mögen.

---

[1] „Luy diront comment autrefois journée a esté tenue entre les Ambassadeurs de l'Empereur et ceux de mondit Sr. le Duc, pour le fait du dit mariage" etc. ibid. p. 242.
[2] Ibid. p. 243.
[3] Ibid. p. 245.

Herzog Sigmund kam mit den Burgundischen Gesandten zu ihm selbst nach Villach herüber, um ihm die Propositionen zu überbringen ¹). Des Kaisers Lage war schwierig, mit den Deutschen Fürsten hatte er alle Fühlung verloren, er war bedrängt und hülfsbedürftig. Er ahnte wohl nicht, dass Karl im Einverständniss mit seinen Feinden war. Die Burgundische Erbschaft lockte ihn zu mächtig, aber zugleich wurde er durch die Maasslosigkeit der Bedingungen erschreckt. Daher beschloss er vorsichtig und behutsam vorzugehen in der Hoffnung, dass der Herzog sich zu einer Milderung seiner Forderungen herbeilassen werde. Er übertrug die Führung der Angelegenheit seinem Neffen und unterrichtete ihn sorgfältigst darin, wie den Burgundischen Forderungen zu begegnen. Er wollte die Hauptbedingung als unerfüllbar umgehen, in allem andern dem Burgundischen Herzoge zu Willen sein. Was dieser „von des Reichs wegen begert" sei nicht möglich, da er an die Kurfürsten und Fürsten gebunden sei. Was aber sonst „zu aufnemen seiner wirde und stannd auch zu erhebung des Haws Burgundi dienen mocht", wolle er gern thun. Er wolle seine Länder zum Königreich erheben, den Namen desselben könne er selbst „nach seiner lannd ainem welches ihm darzu gefellt" wählen. Die Gebiete, die er vom Reiche besässe, sollte er behalten, doch so, dass er die Regalien von diesem empfange und ihm als Vasall gehorsame. Vor allem müsse Karl aber Hülfe und Beistand gegen alle Feinde der Habsburger leisten. Das Nähere über die Heirathsangelegenheit könne Sigmund nach seinem Gutdünken bestimmen, auch ob von Karl als Aussteuer seiner Tochter die oberen Osterreichischen Lande zurückzuverlangen seien. Er empfielt die grösste Vorsicht und Heimlichkeit, im Fall eines abschlägigen Bescheids dürfe er nichts verlauten lassen, damit nicht der Verdacht des Französischen Königs erregt werde, und dieser sich von Oesterreich zurückzöge. Wäre auch die Ehe nicht durchzusetzen, so sollte er wenigstens zusehen, ob nicht „auswenndig des Heiratts zwischen dem Haws Oesterreich und dem von Burgundi" eine Alliance zu Stande zu bringen ²).

---

¹) Schreiben des Johann Gelthusz und Gilbrecht von Holzhusen an den rath zu Frankfurt aus Villach 1470 Aug. 2 in Janssen Frankfurts Reichscorrespondenz II. 1. p. 256. (Freiburg i. Breisgau 1866).

²) „Kaiser Friedrich über eine Verbindung mit Burgund" in Chmel

Sigmund schickte am 26. Sept 1470 seinen Vasallen Dietrich von Rumland mit zwei Briefen nach Burgund, der eine betraf seine Bedrängniss durch die Schweizer und enthielt die flehende Bitte um Hülfe [1]), der andere theilte die Absichten des Kaisers in Bezug auf die Heirath mit. Er spricht viel von dem guten und freundlichen Willen desselben [2]).

Aber Karls Sinn stand nach der höchsten Fürstenwürde, die Habsburger hatten sich verrechnet, wenn sie hofften durch andere Versprechungen ihn zufrieden zu stellen. Der Herzog verdient nicht den Vorwurf eines abenteuerlichen aller staatsmännischen Einsicht baaren Phantasten. Wenigstens bis zum Ausgang der Trierer Zusammenkunft beweist er gewaltig durchgreifende Thatkraft, gepaart mit kluger sicherer Berechnung. Aber er war ein Mann, der in sich den Instinkt angeborner Herrschergrösse fühlte, er glaubte sich würdig nach dem Höchsten zu streben und hielt dies Streben für kein chimärisches. War er doch schon einmal dem Ziele nahe gewesen! Geringeres aber wollte er nicht dafür eintauschen. Stolz antwortet er am 15 Jan. 1471 dem Erzherzog, dass er keine andere Krone wolle als die Römische und dass er Maximilian nicht anders als Schwiegersohn annehmen werde „quam si nobis liceat in eum continuare imperium". Rücksicht auf Privatvortheile hätten ihn wahrhaftig nicht angetrieben, auch sei er nicht von selbst auf den Gedanken gekommen, sondern man hätte ihm gesagt, der Kaiser wünsche es [3]).

So ablehnend die Antwort klingt, wollte der Burgunder dennoch nicht so ohne Weiteres brechen. Er versuchte noch auf vertrauliche private Weise Sigmunden für seine Sache zu gewinnen. Er bediente sich dazu des Markgrafen Rudolf von Hochberg, eines früheren Lehnsmannes von Sigmund, der aber, nachdem die oberrheinischen Plätze in Burgundische Hand gekommen, an Karl den

---

Mon. Habsb. I. p. 20—24. Das Stück gehört nicht in das J. 1473, sondern in den Spätsommer 1470, s. Excurs n 2.

[1]) Chmel Mon. Habsb. I. p. 25. Ueber die Datirung s. Excurs n. 2.

[2]) Chmel l. c. p. 25—28 (= p. 10—13) Dem Briefe fehlen die näheren Angaben über das Heirathsgut, aber Sigmund wollte überhaupt erst anfragen, ob Karl bei diesen Zugeständnissen des Kaisers noch Willens wäre weiter zu verhandeln.

[3]) Brief Karls bei Chmel Mon. Habsb. I. p. 13—14.

Treueid geleistet hatte ¹). In unterthäniger Weise näherte sich der Markgraf: Sigmunds Weisheit werde ja den besten Rath ausfindig machen, er wolle nur darlegen, dass die Sache nicht ohne Weiteres zu verwerfen sei. Ordentlich theoretisch versucht er dem Erzherzog zu beweisen, dass eine Uebertragung der Römischen Königswürde an Karl nicht ohne Praecedenzfälle wäre. Er schickte eine Denkschrift zur Unterrichtung „wie den solichen Sachen im heiligen Romischen Rich gehandelt sind worden vor zitten". Rudolf deutete an, dass aus des Burgundischen Herzogs Ehe mit Margaretha von York wohl kein Spross mehr zu erwarten sei. Maximilian sollte, sobald er das Alter erreicht, an Karls Stelle Römischer König werden, auch wäre dieser bereit seine Herrschaften vom Deutschen Reich als Lehen zu empfangen ²).

Dies äusserste Burgundische Zugeständniss war in Wahrheit nicht verschieden von der früheren schroffen Forderung. Friedrich spürte keine Lust schon jetzt von der Reichsregierung abzudanken und liess die Unterhandlungen fallen. Wenigstens hören wir in der nächsten Zeit nichts von solchen ³). Auch drängte sich eine Fluth neuer Wandlungen und Ereignisse zwischen die Beiden, welche ihre Aufmerksamkeit auf andere Dinge lenken mussten.

Der Kaiser hatte eine Zeit voller Gefahr und Noth durchgemacht, in der ihm Burgunds Stütze hoch erwünscht gewesen wäre. Von allen verlassen — selbst der treue Markgraf Albrecht war damals dem Böhmenkönige näher getreten —, hatte er jeden Einfluss auf das Reich verloren und war zugleich in seinen eigenen Landen bedroht. Von aussen drängten die Türken mit immer wüthenderer Gewalt, seit 1469 begannen sie in regelmässig wieder-

---

¹) Er gehört zu den Vasallen Sigmunds, die bei der Ausstellung der Pfandurkunden vom 9. Mai 1469 in St. Omer zugegen waren, ihre Zustimmung zu dem Vertrage, bei welchem sie interessirt waren, ertheilten und versprachen, wenn sie von Karl die Pfandgelder zurückerhalten hätten, die als Pfand besetzten Orte herauszuliefern und an Burgund den Lehneid zu schwören. Schwelz. Mus. II. p. 118.

²) Schreiben des Markgrafen Rudolf an Sigmund. Chmel Mon. Habsb. I. p. 28—30. Ueber Datirung s. Excurs n. 2.

³) Worauf Foster Kirk's Behauptung „The diplomatic campaign thus opened was carried on throughout the years 1471 and 1472" (history of Charles the Bold II. p. 182), sich stützt, können wir nicht ausfindig machen.

kehrenden Zügen seine Länder sengend und mordend heimzusuchen. Im Innern erhoben sich unzufriedene Unterthanen, die an seinem östlichen Nachbarn, dem Ungarischen Könige, bereitwillige Unterstützung fanden. Im Reiche tummelten sich die Fürsten in autonomer Selbständigkeit; war doch das Oberhaupt schon seit Jahren theilnahmlos fern geblieben. Allen voran trug der trotzige Pfalzgraf das Banner fürstlicher Libertät. Die Deutschen Grenzen waren überall durchbrochen, die Elbmündung war Dänisch geworden, im Westen die schönsten Gaue unter Herrschaft eines romanischen Fürsten, im Osten herrschten die mächtigen Könige Georg Podiebrad und Matthias Corvinus.

Wieder war es Albrecht Achill, der der Sachlage eine Wendung zu Gunsten des Kaisers gab. Offen alle Bande zerreissend, die ihn an dessen Feinde fesselten, trat er auf Seite Friedrichs und zog im Spätsommer 1470 an dessen Hoflager[1]). Sofort begann hier ein neues thatkräftiges Leben. Gegen Böhmen und Ungarn schloss Friedrich Okt. 1470 ein Bündniss mit Polen[2]). Weitaus das bedeutungsvollste aber war es, dass er sich endlich entschloss die Grenzen seiner Oesterreichischen Provinzen zu verlassen und am 22. Dec. einen allgemeinen Reichstag nach Regensburg auf den 24. April des folgenden Jahres ausschrieb[3]) Der Schritt war von unberechenbarer Wirkung. Zunächst vernahm man ungläubig die Kunde, der Kaiser werde persönlich in's Reich kommen und mit den Ständen über die Türkennoth und Besserung des Gemeinwesens berathen. Die Gegner dachten sogar daran, den Reichstag als Mittel gegen den Kaiser zu kehren und dort seine Absetzung zu bewirken[4]).

---

[1]) Droysen Preuss. Politik II. 1. p. 372. Lichnowsky Geschichte Habsburgs VII. p. 133. Friedrich suchte seinen alten Berather noch mehr durch Gunstbezeugungen an sich zu ketten, 12. Dec. 1470 ward Albrecht mit den Brandenb. Landen und dem Kur- und Erzkämmerer-Amt belehnt. J. Chmel Regesta Friderici IV. Romanorum Regs 2. Abth. n. 6159 (Wien 1840). Am 12. und 14. Dec. 1470 bestätigt er ihm die grössten der Pommerschen Herzogthümer als Brandenburger Lehen Chmel regg. n. 6160. 6166. 6168.

[2]) Lichnowsky l. c. VII. regg. n. 1483.

[3]) Lichnowsky l. c VII. regg. n. 1499.

[4]) In dem Berichte des Augustinus Patricius, des Sekretairs der päpstlichen Legaten am Regensburger Reichstage, heisst es gradezu, die Feinde des Kaisers hätten ihm den Rath gegeben, einen Reichstag zu berufen, indem

Unaufhaltsam aber entwickelten sich die Verhältnisse zu Gunsten desselben. Febr. 1471 sagte Kasimir IV. dem Könige von Ungarn ab, und somit war dieser gefährliche Feind beschäftigt. Endlich riss am 22. März 1471 der Tod Georgs Podiebrad die gewaltigste Lücke in der Reihe der Gegner. Im Mai wurde die Wahl des Polnischen Prinzen Wladislaw zum Böhmischen Könige durchgesetzt. Bald begann der Krieg zwischen Böhmen und Ungarn, und Deutschland hatte vor seinen östlichen Nachbaren Ruhe.

Der grosse Reichstag in Regensburg begann unter den günstigsten Aussichten: Die vornehmsten Reichfürsten waren persönlich gekommen, die Curie durch ihren Legaten, den Cardinal Franz von Siena, vertreten [1]) und Abgeordnete aller Stände, besonders der Städte, waren anwesend [2]). Ein Zug freudiger nationaler Bewegung ging durch die grosse Versammlung. Dass das Endresultat derselben dennoch ein ganz unbefriedigendes ward, lag wesentlich in den völlig unentwirrbaren und jeder festen Form spottenden Zustände Deutschlands [3]). Wie konnte der Landfrieden, welcher hier verordnet wurde [4]), eine sichere Dauer versprechen, wenn von vorne herein die bedeutendsten Fürsten von dessen Beobachtung entbunden wurden? [5]) Bald schwand der gute Geist, die alten particularen Bestrebungen machten sich wieder geltend. Auch der

---

sie hofften, ihn dort abzusetzen und über das Reich nach Belieben zu schalten. Haupt dieser Verschwörung wäre der Böhmenkönig gewesen. „Cogitaverunt igitur si tales iam pridem imperium Friderico Caesari abrogare, illudque quando alius animo et viribus potentior in Germania non videretur Georgio haeretico Boemiorum Regi deferre" Freher-Struve scriptores rer. Germ. tom. II. p. 290 (Strassburg 1717).

[1]) Freher-Struve l. c. p. 281.
[2]) „Fuit sane conuentus hic Ratisponensis frequentissimus, et omnium (ut seniores aiebant) nostra aetate maximus" schreibt Augustin Patritius Freher-Struve Ss. rer. Germ. II p. 288
[3]) „patentissima Germania est, et potentissima, et nobilissima; sed ea tota nunc unum latrocinium est, et ille inter nobiles gloriosior qui rapacior" schreibt in wenig schmeichelhafter Weise der feingebildete Italiäner J. A. Campanus vom Reichstag Freher-Struve l. c p. 294.
[4]) Lichnowsky l. c. VII regg. n. 1551. n. 1578. Chmel regg. n. 6474.
[5]) Der Herzog Ludwig von Bayern Chmel regg n. 6407, Erzherzog Sigmund ibid. n. 6424, Erzbischof Ruprecht von Köln ibid. n. 6448, die Herzöge Ernst und Albrecht von Sachsen ibid. n. 6518.

Plan eines Türkenzuges scheiterte. Nur die bescheidene Anzahl von 10000 Mann, darunter 2500 zu Ross, wurde von den Ständen verlangt, sie sollten durch eine Auflage des zehnten Theiles vom Vermögen aufgebracht werden. Zwar zeigten sich die Fürsten bereit[1]), aber die Städte verhielten sich ausweichend. Auch als von Krain und Kärnthen Nothschreie über die furchtbaren Verheerungen der Türken nach Regensburg herüberkamen, konnte man sich nicht einmal über 4000 Mann, die der Kaiser zum sofortigen Schutz der Grenzen verlangte[2]), einigen.

Der Reichstag, der später von Regensburg nach Nürnberg verlegt wurde, ging hin ohne im geringsten die anfangs so hoch gehenden Hoffnungen einer Wiedergeburt Deutschlands zu erfüllen. Die Zustände kehrten wieder zur alten Regellosigkeit zurück, und Friedrich, dessen starrköpfige Ablehnung einer Versöhnung mit dem Pfalzgrafen[3]) nicht wenig zur Verschlimmerung beigetragen, fiel seiner gewohnten Gleichgültigkeit gegenüber dem Deutschen Gemeinwesen anheim. Der Versuch durch Anlehnung an das Reich sich eine Stütze zu verschaffen war erfolglos zerronnen, und Friedrich dachte vielleicht mit Bedauern an die abgebrochenen Verhandlungen mit Burgund.

Karl hatte vollauf zu thun durch den ernsten Kampf, welcher zwischen ihm und Frankreich ausbrach, und hatte keine Zeit für die Dinge im Osten. Das freundliche Verhältniss zwischen ihm und dem Kaiser war völlig gelöst[4]). Er hatte seine ganze Aufmerk-

---

[1]) Janssen Reichscorrespondenz II. 1. p. 264.

[2]) Janssen Reichscorresp. II. 1. p. 266.

[3]) Sie herbeizuführen hatten der päpstliche Legat, die Herzoge Ernst von Sachsen, Ludwig von Baiern, und Sigmund von Oesterreich ihre Vermittelung angeboten, Brief Campans 1471 Juli 20. in Freher-Struve Ss. rer. Germ. II. p. 299. 300.

[4]) Lindner die Zusammenkunft Kaiser Friedrich III. mit Karl dem Kühnen von Burgund p. 41 (Cöslin 1876) legt zuviel Gewicht auf die bei Chmel regg. n. 6272 excerpirte Urkunde Regensburg 1471 Juli 11 In ihr ist unmöglich eine bedeutende Concession Friedrichs an Karl zu sehen, eher eine Schmälerung. Die Ernennung Karls zu einem Schirmvogt des Klosters St. Maximᶦen scheint überhaupt in eine frühere Zeit zu gehören und war nichts Absonderliches, da die Vogtei über das Kloster, wie ausdrücklich bemerkt wird, an dem Besitz des Herzogthums Luxemburg haftete. Vor Karl war sie von König Ladislaus bekleidet worden, der ja von mütterlicher

samkeit den Englischen und Französischen Verhältnissen zuzuwenden. Der Thron seines Schwagers Eduard von England war durch den mit Ludwig XI. und Margaretha, der Gemahlin Heinrich VI., verbündeten Grafen von Warwick Sept. 1470 gestürzt worden [1]. Der flüchtige König begab sich nach Holland, wo er sich seit dem 11. Oktober 1470 als Gast im Haag aufhielt. Natürlich ging dem Herzog das Schicksal des ihm verschwägerten Eduards nahe, und wenn es auch fremde Schiffe — die der Osterlinge [2] — waren, die den York im März 1471 nach England zurückführten [3], so hatte ihm Karl doch manche Unterstützung besonders an Geld zukommen lassen. Dazu kam nun der gefährliche Krieg, der zwischen ihm und dem Französischen Könige entbrannte. Der Kampf nahm eine schwierige und ernste Wendung, so dass Karl die Hand seiner Tochter als ein Mittel benutzte, sich Erleichterung zu verschaffen. Er bot sie dem jungen Bruder des französischen Königs, dem Herzog Karl von Guienne, an und zog ihn durch solche Aussicht auf seine Seite [4]. Als dieser am 28. Mai 1472 von frühzeitigem Tode dahingerafft wurde [5], erweckte er bei einem andern Fürsten, dem Herzog Nicolaus von Lothringen, ähnliche Hoffnungen, um dessen Bundesgenossenschaft zu gewinnen [6]. Er bevorzugte ihn vor allen andern,

---

Seite Ansprüche auf Luxemburg hatte. Die Urkunde scheint durchaus zu Gunsten des Erzbischofs Johann von Trier gegeben, der Abt soll nicht im Vertrauen auf seinen Vogt, den Burgundischen Herzog, den Gerechtsamen des Erzbischofs Abbruch thun. Diese Auffassung theilt Lichuowsky Geschichte Habsburgs VII. p. 144 Wie wenig freundlich damals das Verhältniss zwischen Karl und dem Kaiser war, beweist das hochfahrende und verletzende Benehmen der Burgundischen Gesandten am Regensburger Reichstage. vgl. Brief Campan's Juli 1471 in Freher-Struve Ss. rer. Germ. II. p. 296. In diese Zeit scheint auch der Brief Friedrich's zu gehören, woraus ersichtlich, dass Karl ihn des Neides beschuldigte, Brief angeführt von Lichnowsky l. c. VII. p. CCCCLXIX n. 23.

[1] R. Pauli Die Haltung der Hansestädte in den Rosenkriegen (Vortrag gehalten in der Pfingsten 1874 zu Bremen stattgehabten Jahresversammlung des hansischen Geschichtsvereins). p. 83.
[2] Ibid. p. 88, p. 93, p. 100.
[3] Ibid. p. 88.
[4] Comines ed. Lenglet III. p. 164.
[5] Comines ed. Lenglet II. p 201.
[6] Schon am 15. Mai 1472 also noch einige Tage vor dem Ableben

nahm ihn mit sich auf seinen Feldzügen gegen Frankreich und bezeichnete ihn öffentlich als seinen zukünftigen Schwiegersohn [1]). Am 13. Juni 1472 gaben sich Nicolaus und Maria das gegenseitige Versprechen der Ehe [2]).

Karl spielte ein doppeltes Spiel. Zur selben Zeit setzte er sich mit den Habsburgern wieder in Verbindung. Anfang 1472 wiederholte Erzherzog Sigmund seine oft angebrachte Bitte um kräftigen Beistand gegen die Eidgenossen [3]). Den 29. April finden wir kaiserliche Gesandte in Brügge [4]). Am 10. August schlossen Karl und Sigmund eine feste Alliance für den mit Bestimmtheit erwarteten Krieg gegen die Schweiz [5]).

Im Nov. 1472 wurde der Krieg gegen Ludwig XI. durch einen Waffenstillstand beendet, und nachdem Karl dieser Sorge ledig, liess er den Herzog von Lothringen fallen und lenkte wieder in die alten

---

des Herzogs von Guienne gehen Beide ein enges Bündniss ein. Comines ed. Lenglet III. p. 189—192; ibid. II. p. 201.

[1]) Comines ed. Lenglet II. p. 202. Barante histoire des ducs de Bourgogne X. p. 68.

Die Angaben der unter dem Titel „Extrait d'une ancienne chronique commençant et finissant en 1467 imprimée dans les Histoires des Roys Charles VI. et Charles VII." in Comines ed. Lenglet II. p. 173—221 abgedruckten und vom J. 1461 bis zum Tode Karls des Kühnen vor Nanzig am 5. Jan. 1477 vermehrten und fortgesetzten Chronik sind in dieser Fortsetzung entschieden das Tagebuch der Burgundischen Maîtres d'Hôtel. Sorgsam werden fast Tag für Tag der Aufenthalt des Hoflagers angegeben und die Ereignisse kurz berührt, soweit sie in den Gesichtskreis der unmittelbaren Nähe des Herzogs gehören. Die Notizen, wenn auch knapp, sind oft ganz unschätzbar, sie sind gleichzeitig und völlig zuverlässig. Wir erhalten das genaueste Itinerar, Mittheilungen über die am Hofe anwesenden fremden Gesandten und oft direkte Angaben über den Gang der Burgundischen Politik. In der Abhandlung von Lindner sind sie gar nicht berücksichtigt worden, und doch geben sie in vielen Punkten die erwünschte Entscheidung.

[2]) Comines ed. Lenglet III. p. 193.

[3]) Chmel Mon. Habsb. I. p. 14.

[4]) Comines ed. Lenglet II. p. 201.

[5]) Urk. bei Zollweger Archiv f. Schweiz. Gesch. V. p. 100—102. Das Bündniss wurde abgeschlossen, nachdem am 28. Juli eine Burgundische Botschaft bei Sigmund erschienen war und ihm beruhigende Versicherungen ihres Fürsten in Betreff der Schweizer abgegeben hatte. Chmel Mon. Habsb. I. p. 14—16.

Beziehungen zu Oesterreich ein [1]). Am 29. Nov. wurden auf's neue Gesandte Friedrichs in Abbeville empfangen. Am 14. Dec. schickte Karl als Unterhändler den Abt von Casanova, der am kaiserlichen Hofe wohl bekannt war, und empfal ihn als vollständige Vertrauensperson [2]). Einige Tage darauf wurden Gesandte Friedrichs vom Herzoge in Brügge empfangen [3]). Die Verhandlungen waren wieder in vollem Gange. Aber es geht aus der Haltung beider Seiten hervor, dass sie sich jetzt nach den Erfahrungen der früheren Jahre langsam und misstrauisch nähern. Karl stand mit dem offenbarsten Gegner des Habsburgers, dem Kurfürsten Friedrich von der Pfalz, im herzlichsten Einverständniss [4]), welcher damals damit umging, des Kaisers Einfluss in Deutschland ganz zu beseitigen und sich an dessen Stelle zu setzen [5]). Noch mehr unmittelbare Gefahr enthielten die freundlichen Beziehungen Burgunds zu Ungarn. Jürgen von Stein verkündete laut, dass, wenn dem Herzoge in seinen Absichten auf das Reich von Kaiser und Kurfürsten Schwierigkeiten in den Weg gelegt würden „well er es mit gewaltiger Hand zuwegen bringen. Darzu ihm der Konig von Ungarn helfen woll und das zuthun hab als der oberst Churfürst" [6]) Zwischen Matthias und Friedrich herrschte aber die äusserste Spannung, da jener die rebellischen Vasallen Oesterreichs bereitwilligst unterstützte.

---

[1]) Am 5. November schon verzichtet Nicolaus auf das Eheversprechen Maria's. Com. ed. Lenglet III. p. 193.
Am 3. Dec. thut Maria dasselbe ibid. p. 194. Burgund. Hofzeitung ibid. II. p. 203.

[2]) Chmel Mon. Habsb. I. p. 16.

[3]) Com. ed. Lenglet II. p. 203. 204.

[4]) In das Bündniss, welches Karl und Nicolaus von Calabrien am 15 Mai 1472 eingehen, wird der Pfälzer mit eingeschlossen. Com. ed. Lenglet III. p. 191.

[5]) Brief Albrechts Achilles an Dr. Peter Knorr 1472 Nov. 29. „Wir glauben, das der phaltzgraf ee nicht Konig wurd, ee er yderman geb, was er woltet" etc. C. A. H. Burckhardt. Das funfft Merckisch Buch 1471—1473. Jena 1857. (1. Bd. der Quellensammlung zur Geschichte des Hauses Hohenzollern).

[6]) Brief Albrechts von Brandenburg von 1473 Aug. 14. an seine Gesandten beim Kaiser, excerpirt in Anzeiger für Kunde der Deutschen Vorzeit. Neue Folge (Organ des Germanischen Museums 11. Bd. p. 203 Jahrg. 1864). Matthias hielt seit seiner Wahl in Olmütz Mai 1469 an seinen Ansprüchen auf Böhmen auch gegen die Polen fest.

Dagegen nun suchte Friedrich die Freundschaft von Böhmen-Polen [1]). Wieder war er hilfsbedürftig wie selten zuvor. Die Verbindung mit Burgund, die bereits auf's neue in der Ferne winkte, zog ihn mächtig. Aber die Bedingungen, die damit verbunden, waren zu bitter, er hatte Karls Hartnäckigkeit schon genug kennen lernen können, als dass er eine Milderung derselben hoffen durfte. Noch einmal wollte er versuchen ohne denselben seiner Sache aufzuhelfen. Wieder war es das Reich, das Hülfe bringen sollte; er dachte nur dann an dasselbe, wenn es seinem Interesse dienen konnte. Das Mittel sollte ihm der Reichstag werden, der von ihm berufen im April und Mai in dem reichen Augsburg stattfand. Derselbe nahm aber einen ganz ähnlichen Verlauf wie sein Regensburger Vorgänger vom Jahre 1471. Und abermals verdarb des Kaisers Engherzigkeit und staatsmännische Kurzsichtigkeit, die keinen höheren Aufflug möglich machte, das meiste. Er gab den streitenden Häuptern des Reichs ein schlechtes Beispiel, wenn er auch damals nicht seinem kleinlichen Hasse gegen den Pfalzgrafen entsagen wollte und dessen zur Versöhnung dargebotene Hand abwies. Und das zu einer Zeit, wo er selbst eingestehen musste, dass Deutschlands Grenzen von allen Seiten bedroht seien, der Herzog von Burgund sich anschicke Geldern mit Heeresmacht zu überfallen, der Französische König ebenfalls gefährliche Absichten auf Deutsches Gebiet merken liesse etc. [2]). Die Einigung mit Ungarn kam auch nicht zu Stande und zwar, wie klar hervorgeht, durch absichtlich verletzendes Vorgehen des Kaisers [3]). Dieser verschloss sich selbst den Weg, auf welchem er Rettung zu erlangen hoffte, und gab sich jetzt dem Fahrwasser der Burgundischen Politik hin, aber zuerst noch zögernd und bedächtig, seiner Art gemäss.

Herzog Karl verstand jedoch mit gleicher Münze zu zahlen. Hatte Friedrich Jahrhundert lange Feindschaft vergessend mit den Schweizern angeknüpft [4]), so zog der Herzog den alten Bewerber

---

[1]) Als König Kasimir die Forderung des Heirathsgutes seiner Gemahlin Elisabeth in Anregung brachte, Aug. 1472, entsprach er derselben sofort. Chmel regg. n. 6595 und n. 6596.
[2]) Janssen Reichscorresp. II. 1. p. 286.
[3]) S. das eigenthümliche Document in Chmel Mon. Habsb. II. p. 28—31.
[4]) Am 25. März 1473 lässt er sie durch den Bischof Hermann von Constanz auffordern, die Entscheidung ihres Streites mit Sigmund auf fried-

um Maria's Hand, Nicolaus von Calabrien, wieder hervor und erweckte in ihm neue Hoffnungen [1]).

Unterdessen nun wirkte der Abt von Casanova am kaiserlichen Hoflager für die Burgundischen Pläne, angesehene Männer aus der nächsten Umgebung des Kaisers, besonders Graf Rudolf von Sulz, waren bereits gewonnen [2]). Der Abt erhielt noch einen Genossen in dem Statthalter der Pfandschaftslande, Peter von Hagenbach, der nach Augsburg herüberkam, um ebenfalls der Sache seines Herrn zu dienen. Die vertraulichen Unterredungen Peters mit dem Grafen von Sulz [3]) erhielten einen officiellen Charakter, als er von Karl bevollmächtigt und auf's genaueste informirt wurde. Die Instruktionen für Peter waren ausführlich, sie sind in hohem Grade wichtig und lassen wie einst die Vollmacht Karls vom Mai 1470 gleichsam einen Blick in sein stolzes Herz thun. Um es aber sogleich vorweg zu sagen: allein von ihnen aus ist ein richtiges Verständniss für die bald folgenden Vorgänge in Trier zu gewinnen. Sie beweisen auf's neue, wie der Burgunder unverrückt dem sich bereits vor Jahren gesetzten Ziele zustrebt, und wie falsch man seine Politik beurtheilt, wenn man sie unstät und verworren nennt. Peter wurde beauftragt, den Kaiser darüber aufzuklären, dass Karl nicht,

lichem Wege dem kaiserlichen Urtheil zu überlassen. Chmel regg. n. 6678. Auf dem Reichstage zu Augsburg Mai 1473 lässt er durch seinen vornehmsten Rath, Graf Hugo von Werdenberg, die Hoffnung aussprechen, die Eidgenossen als Gehorsame wieder dem Reiche zuzuführen. Janssen Reichscorresp. II. 1. p. 286.

[1]) Das geht aus dem Brief des Lothringers vom 4. Juni 1473 hervor in Comines ed. Lenglet III. p. 255—257.

[2]) Die neu angeknüpften Verhandlungen, welche jetzt ununterbrochen bis Trier fortdauern, in chronologischer und sachlicher Beziehung richtig darzustellen ist nicht leicht, und sind sie bis zuletzt nicht ohne Irrthümer behandelt worden, so noch von Lindner. Es kommt darauf an die vor allen andern Stücken wichtigen Instruktionen für Peter von Hagenbach Chmel Mon. Habsb. I. p. 30—32 und p. 32—34 richtig zu datiren. Wir weisen sie den ersten Tagen des Juni zu, vorzüglich gestützt auf eine archivalische Notiz des Herrn Dr. Markgraf, s. Excurs n. 2. Danach muss Peter von Hagenbach sich schon einige Zeit in Augsburg am kaiserlichen Hoflager aufgehalten haben.

[3]) Dass solche vor der officiellen Vollmacht für Peter gepflogen wurden, geht aus der ersten Instruktion für den Landvogt hervor „les devises que ledit conte avoit en avec ledit messire pierre sur le mariage". Chmel Mon. Habsb. I. p. 31.

wie böse Zungen ihn verläumdet[1]), beabsichtige ihn etwa schon bei seinen Lebzeiten der Krone zu berauben, sondern der Kaiser solle in seiner Würde bleiben, ihn aber zum Römischen Könige machen. Dann würde ihm die kaiserliche Krone gleichsam erblich zufallen, und er würde wiederum seinen Schwiegersohn als Römischen König einsetzen. Somit würde die Kaiserwürde in ihren Geschlechtern sich forterben[2]). Durch die Heirath kämen die grössten und schönsten Herrschaften der Christenheit an Habsburg, es würde in den eigenen Landen und im Reich erstarken. Haus Habsburg mit Burgund geeint, gäben eine Macht, wie sie kein Fürst der Welt aufweisen könnte[3]). Dann würde auch für das allgemeine Wohl der Christenheit gesorgt werden können, die Türken solch' gesammelter Kraft erliegen.

Hagenbach soll auf den Kaiser mit allen Mitteln eindringen, schlüge alles fehl, auch nachdem das Aeusserste versucht, in diesem Falle — aber auch nur dann —[4]) solle er als letztes proponiren, dass Karl zum allgemeinen und unwiderruflichen Vicar des ganzen Deutschen Reiches mit Zustimmung des Papstes und der Kurfürsten gemacht und nach dem Tode Friedrichs zum Kaiser gewählt werde. Es war nur eine andere Form für jene ursprüngliche Forderung. **Von einer andern Krone als der Deutsch-Römischen spricht Karl überhaupt nicht.** Er will wissen, wie sein zukünftiger Schwiegersohn aussieht, Hagenbach soll ihm genaue Mittheilungen über dessen Aeusseres, Benehmen und Charakter machen. Versprechungen von Geld und Ehrenämtern dürften nicht gespart werden, besonders wäre der Eifer des Grafen von Sulz warm zu erhalten[5]).

Karl war nun einmal von dem Glanze der Kaiserkrone ge-

---

[1]) Chmel Mon. Habsb. 1. p. 33.
[2]) Chmel ibid. p. 31, p. 33.
[3]) „Lesquelles seignouries jointes ensemble seroient plus grandes que de nul prince viuant" etc. Chmel l. c p. 33.
[4]) „Et ce apres pluiseurs communications ceste matere de roy des Rommains estoit reboutee de tous poins en ce cas et non autrement et le plus tart que bonnement etc." Chmel l. c. p. 34.
[5]) Ihm wurden für den Fall, dass die Burgundische Wahl durchginge, einträgliche Aemter und die Summe von 10000 Gulden in Aussicht gestellt. Chmel l. c. p. 31.

jesselt. Wie machtlos ihre Träger im Laufe der geschichtlichen Entwickelung auch geworden, ihr wohnte ein idealer Schimmer und eine Fülle grossartiger Erinnerungen bei, welche sie über alle andere Würden auf Erden erhoben. Durch seine gewaltige Herrschermacht gedachte er ihr ihren wahren Inhalt zurückzugeben, sie sollte wieder das Zeichen werden für das allgewaltige Schwert Gottes unter den Menschen. So sehr in vielem seine Regierung in der Durchführung von Prinzipien, die eine neue Epoche in der staatlichen Entwickelung Europa's begründen sollten, vorangieng, sein eigenstes Wesen, seine innersten Neigungen wurzelten im Mittelalter Er knüpfte bewusst an dessen grossartigste Zeit an. Liess er dem Kaiser doch geradezu sagen, dass, wenn er ihn zum Mitregenten annehme, er bald Achtung und Gehorsam im Reiche finden und solches Ansehn erreichen werde, wie es kein Kaiser seit dreihundert Jahren gehabt [1]).

Somit weist er selbst auf die grösste Zeit des Kaiserthums hin. Sein Gedanke sich schon zu Lebzeiten Friedrichs zum Römischen König machen zu lassen, war in jener Zeit höchster Blüthe ja mehrfach ausgeführt worden unter den hehren Geschlechtern der Ottonen, Salier und Staufer.

Dem Kaiser wurden die Burgundischen Bedingungen in Augsburg überbracht. Er verliess die Reichsstadt Mitte Juni [2]) und zog gen Ulm [3]). Hierher begleitete ihn auch Karls Unterhändler und schien sich der Gunst Friedrichs zu erfreuen. Am 19. Juni wurde ihm gestattet, das Reichsschulzenamt in Mülhausen, welches den Mülbäusern um 21000 rhein. Gulden verpfändet war, von der Stadt zu lösen [4]).

Es wurde beiden Seiten jetzt wohl Ernst mit der Angelegenheit. In diese Zeit fällt die Verabredung einer persönlichen

---

[1]) Chmel Mon. Habsb. I. p. 33. Lindner l. c. 46 schwächt die charakteristische Bedeutung der Stelle, wenn er empereur mit blossem „Fürst" übersetzt.

[2]) Letzte Urk. in Augsburg v. 14. Juni. Chmel regg. 6741.

[3]) Urkk. Friedrichs in Ulm ausgestellt vom 18. bis 25. Juni. Chmel regg. n. 6742—6747.

[4]) F. J. Mone Quellensammlung der badischen Landesgeschichte. 3. Bd. p. 428. (Karlsruhe 1863). Die Urkunde war noch nicht ausgefertigt, ihr fehlte noch das Siegel. Dies wurde in Baden-Baden am 16. Juli hinzugefügt Chmel regg. II. p. 655.

Zusammenkunft¹). Sie wurde von Karl angeregt und zwar sollte sie zu Trier am 1. August statthaben²). Ende Juni brach Friedrich auf nach Baden-Baden zu seinem Schwager Markgraf Karl und hielt sich hier, ganz nahe den Burgundischen Pfandschaftslanden, über 1½ Monate auf³). Schon in der zweiten Woche des Juli wurde der Zeitpunkt der Zusammenkunft um 12 Tage hinausgeschoben⁴). Am 30. Juli kamen Peter von Hagenbach und Johann von Etspach mit neuer Botschaft von dem Herzog. In der herzlichsten und ehrerbietigsten Weise dankte dieser dem Kaiser für die „grant amour et affection", welcher er durch Briefe und Gesandtschaften Ausdruck gegeben und vor allem dadurch, dass er sich der mühevollen Reise bis Trier unterziehen wolle. Nichts auf der Welt erfülle ihn mit grösserer Freude, als die Hoffnung die Person des Kaisers mit eigenen Augen zu schauen; er hege in

¹) In den Instruktionen für Peter war nur davon die Rede, für die schwebenden Fragen einen Tag nach Aachen durch Gesandte zu beschicken Chmel Mon. Habsb. I. p. 32 und ibid. p. 34.

²) Der Vorschlag einer persönlichen Begegnung ging von Karl aus, Zeit und Ort scheint Friedrich angesetzt zu haben. Brief Friedrichs Boppingen 1473 Juni 23. an Herzog Ernst von Sachsen, worin er diesen bittet, zu seinem Zuge zu stossen. Der Herzog von Burgund habe geschrieben er wolle persönlich zu ihm kommen. „Darumb so haben wir uns begeben auf den ersten tag des monads Augusti zu Trier zu erscheinen, dahin derselb Herzog von Burgundien auff die Zeit auch bei vns sein wirdet". Mittheilung des Herrn Dr. Markgraf aus dem Weimarer Archiv. Orig. n. 103 (fascikel). Richtig ist wohl die Vermuthung des Dr. Markgraf für das sinnlose Boppingen Göppingen zu setzen. Dann hätte Friedrich von dem Städtchen Göppingen unfern Ulm geschrieben.

³) Urkk. Friedrichs in Baden ausgestellt vom 29. Juni bis 14. August Chmel regg. II. p. 654—657. Die Abreise von Baden erfolgte am 16. August. Bericht der Brandenburgischen Gesandten im Anzeiger für Kunde der Deutschen Vorzeit. Neue Folge XI. Bd. p. 204 (1861).

⁴) Brief Friedrichs an Kurfürst Albrecht Niederbaden 1473 Juli 9. „.. Sonst ist vns begirde an dem lieb so ferre du das dein liebs halben vermagst du wellest dich her gen Baden fugen mit vns da zu baden und frolich zu sein, gestallt furter, mit gen Trier zu reitten, der dann bis auf den zwellften tag des monats August schirst kumbt erstreckt ist." Mittheilung des Herrn Dr. Markgraf aus dem Bamberger Archiv. Diese zwei bis jetzt noch nicht publicirten Briefe geben den erwünschten Aufschluss über die frühesten Verabredungen einer Zusammenkunft. Danach muss aufgegeben werden, was Lindner l. c. p. 48. ausführt.

Betreff der Zusammenkunft die besten Wünsche und Erwartungen [1]). Nur bäte er, ihm eine Verzögerung von 9 bis 10 Tagen nicht übel zu nehmen [2]). Darauf nun fertigte Friedrich seine beiden vertrauten Räthe, den Grafen Rudolf von Sulz und Meister Hanns Keller, nach Burgund ab. Sie meldeten, dass der Kaiser in eine Vertagung auf den Anfang September einwillige [3]).

Als am 13. August Herzog Nicolaus von Calabrien zu Nancy einem plötzlichen Tode erlegen [4]), war Karl von einer drückenden Verbindlichkeit befreit. Sein Stern nahm damals den glänzendsten Aufgang. Soeben hatte er Geldern nach harten Kämpfen unterworfen. Dazu bot der Streit um das Kölner Erzstift ihm eine neue Handhabe seinen Einfluss am Niederrhein zu erweitern. Der mit dem Stifte zerfallene Erzbischof Ruprecht suchte seine Hülfe [5]); auch dessen Gegner der Landgraf Hermann von Hessen rief ihn durch Gesandte als Schiedsrichter an. Aus den Ehrenbezeugungen, mit welchen Ruprecht überhäuft wurde, konnte man ersehen, auf welche Seite sich Karl neigte [6]).

[1]) Instruktion gedruckt Lichnowsky l. c. VII. p. CCCCLXXIX sq. (Chmel Mon. Habsb. l. p. 37 sq.; gleichzeitige Uebersetzung ibid. p. 38. sq.)

[2]) Der Herzog mochte noch mancherlei zu ordnen haben; denn erst am 19. Juli hatte Nymwegen capitulirt Burg. Hofzeitung in Com. ed. Lenglet II. p. 207.

[3]) S. den wichtigen Bericht Dr. Hertnids vom Stein, Dompropst zu Bamberg und Ludwig von Eyb, der Gesandten des Kurfürsten Albrecht Achilles am kaiserlichen Hoflager, die sich daselbst in Baden eingefunden hatten, in Auszügen mitgetheilt von J. Baader im Anzeiger f. Kunde Deutscher Vorzeit XI. p. 201—207. p. 233—242. Die Nachrichten sind zum ersten Male von Lindner in vollständiger Weise benutzt. Wunderbar ist, dass er l. c. p. 47 seine falsche Angabe, der Graf Rudolf von Sulz und Hanns Keller seien vor dem 30. Juli nach Burgund abgegangen und hätten den Herzog auf den 12. Aug. nach Trier geladen auf diesen Bericht (Anz. f. Kunde al. XI. p. 203) stützt, wonach die Gesandten ja die Zusammenkunft auf Anfang September verschoben. Auch kam die Gesandschaft erst den 14. oder 15. Aug. in Nymwegen bei Karl an (Burgund. Hofzeitung Com. ed Lenglet II. p. 207).

[4]) Die Feinde Ludwig XI. redeten von Gift, das dem Lothringer beigebracht worden. Barante l. c. X. p. 71.

[5]) Am 4. August traf er in Zütphen bei Karl ein Com. ed. Lenglet II. p. 207.

[6]) „Nicht waiss ich dir zu schreiben, auf welches tail mein herr ist. Aber er hat dem Bischof gross ere hie gethan. Ich halt es in meinem.

Am Oberrhein hatte er seit Uebernahme der Habsburgischen Ortschaften eine feste Position, es gehörte ihm auch die unbezwingliche Luxemburg. Da eröffnete sich ihm durch den Tod von Nicolaus die Möglichkeit auch das Bindeglied zwischen seinen südlichen und nördlichen Provinzen, das Herzogthum Lothringen, einzunehmen, indem er den einzigen legitimen Erben den jungen René de Vaudemont, den Sohn Ferri's und Jolanthe's, bei Seite schob[1]). Er zog nun mit seinem siegreichen Heer von Norden heran, richtete seinen Marsch über Mastricht und langte am 22. August in Aachen an[2]). Am 1. Sept. steht er auf seiner Veste Luxemburg und harrt hier in imponirender Machtstellung der Entwicklung der Dinge „Kaiserliche Majestät möge auf dem Wege nicht säumen; denn der Herzog habe noch bei 30000 Mann bei sich", riethen die rückkehrenden Gesandten Graf Rudolf von Sulz und Meister Hanns Keller dem Habsburger[3]).

Friedrich hatte sich unterdessen nicht übereilt. Ihm gefiel der Aufenthalt in Baden, auch hatte er hier mancherlei Reichssachen

---

gemüth darfur, Er werd mit dem Bischof sein, doch waiss ich des gancz nicht. Wurt vil dings am kaiser vnd an meinem hern ligen... Und so hat der lanndgraf von hessen auch sein treffenlich botschaft hie gehabt suchen all mein herrn. Wer sein bedarff, dem hilfft er, als vil ich das mercken kann" etc. Relation aus dem Burg. Lager von einem Ungenannten an „Johs Tetzel zu Nuremberg vom 25. August". Mittheilung des Herrn Dr. Markgraf aus dem Weim. Archiv (Fascikel Reichstag zu Augsburg 1474).

[1]) Dass Karls Pläne sofort nach dem Tode Nicolaus' sich auf Lothringen richteten, beweist eine andere Stelle der eben angeführten Relation vom 25. Aug. „Item du magst gehort haben, das wir in luttringen wolten tzogen sein vnd hetten vnser here mit allem zewg dahin gesandt, dann der hertzog von luttringen ist tod".

[2]) Comines ed. Lenglet II. p. 207. Er bleibt in Aachen bis zum 26. Aug. ibid.

[3]) Anzeiger f. Kunde etc. XI. p. 206.

In dem Schreiben eines Ungenannten, der in Basel während des kaiserlichen Aufenthaltes anwesend war, an Johann Gelthaus und Ludwig Waldegk zu Frankfurt Udenheim 1473 Sept. 18. bei Janssen Reichscorresp. II. 1. p. 302 heisst es über das Heer Karls „die so bey dem hertzogen gewesen sein, sagen er hab ob XX^m (man) vnd bey IIII^c wegen mit buchsen vnd zeug".

zu verhandeln, dazu nahm ihn das Verhältniss zu Polen-Böhmen und Ungarn in Anspruch [1]).

Er war jetzt in Betreff der Entrevue anderen Sinnes geworden, sie sollte nicht mehr in Trier, sondern in Metz, das sich seiner Grösse wegen mehr dazu eignete, stattfinden [2]).

Endlich setzte sich am 16. August der kaiserliche Zug nach Strassburg in Bewegung. Hier brachte man die zweite Hälfte des Monats zu [3]). Als Peter von Hagenbach Friedrich bat, Metz nicht Trier vorzuziehen, da dort die Pest heftig wüthete, wurde die Verabredung abermals geändert. Man wollte am 5. September in Trier zusammenkommen. Von Strassburg ging es über Freiburg i. Breisgau, wo man mehrere Tage weilte [4]), nach Basel [5]). Hier trafen ihn seine Räthe, die er gen Burgund gesandt hatte, und meldeten ihm das Heranrücken des Herzogs [6]).

Der Kaiser mochte nicht ohne Besorgniss auf die nahe bevorstehende Zusammenkunft blicken. Kaum schien es möglich den harten Sinn des Burgunders zu Zugeständnissen zu bewegen, besonders jetzt, wo er durch das Vollgefühl neuen Siegesruhms erhoben wurde. Jetzt kurz vor der Entscheidung wurden Friedrichs Bedenklichkeiten immer grösser. Man erzählte sich, er forsche in den Sternen über den Ausgang des bedeutungsvollen Schrittes [7]). Seiner Begleitung, die bereits sehr gross und glänzend geworden war, hatten sich Unruhe und Besorgniss bemächtigt. Man hatte das unbestimmte Gefühl, dass diese Fahrt auf grosse umwälzende Dinge

---

[1]) Anzeiger f. Kunde etc. XI. p. 204
Dlugossus historiae Polonicae lib. XIII. tom. II. (Leipzig 1712) p. 499, wo Gaden in Baden zu emendiren ist.
[2]) Anzeiger f. Kunde etc. XI. p. 203
[3]) ibid. p. 204.
[4]) Ankunft daselbst am 27. Aug., Anzeig. etc. XI. pag. 205, in den ersten Tagen des Sept. brach man auf. Anzeig. etc. XI p. 206.
[5]) Ankunft am 7. Sept. l. c. p. 206
[6]) ibid. p. 206. In dem Briefe an Johann Gelthaus und Ludwig Waldegk Janssen Reichscorresp. II. 1 pag. 300 wird für die Ankunft Hagenbachs, der mit den Kaiserlichen Gesandten zugleich eintraf, der 8. Sept. anstatt des 9., der sich im Bericht der Brand. findet, angegeben, wie Lindner l. c. p. 51 richtig aus p. 301 corrigirt.
[7]) „dass wir uns vermuthen, er handel nach Rath der Sternseher, dass es nach der Zeit dest bass gerath". Anzeig f. Kunde etc. XI. p. 206.

abziele, aber etwas genaueres wusste man nicht, selbst nicht in dem Kreise der anwesenden Fürsten ¹). Friedrich wollte sich jedenfalls die Rückzugslinie sichern, selbst wenn er das Misstrauen des bereits ungeduldigen Burgunders herausforderte. Einer Einladung der Baseler folgend ²), begab er sich nach ihrer Stadt, wohin auf seine Aufforderung alle Oerter der Schweiz ihre Boten entsandten. Sie wurden zum Aerger des Landvogtes Peter von Hagenbach auffallend freundlich behandelt, und schon damals besprach man sich über eine Ablösung der in Burgundischen Händen befindlichen Pfandschaftslande ³). Dann setzte sich der Zug wieder in Bewegung, man ging über Colmar ⁴), Ehenheim und Zabern und langte den 18. Sept. in Metz an ⁵). Der Ort der Zusammenkunft war wieder fraglich geworden, man hatte abermals an Metz gedacht ⁶) und erwartete den Herzog dort bereits vorzufinden ⁷). Dieser aber ging einem andern

---

¹) Markgraf Albrecht schrieb am 14. Aug. seinen Gesandten nach Baden „Will der Herzog von Burgundi den Churfürsten viel Widerwärtigkeit, so bedarf er desto minder nach dem Reich stellen mit Güte. Will er es dann mit Gewalt thun, so jagt er Herrn und Knecht zu Haufen, dass es aber nit geschieht, wiewol Jorg von Stein sagt, unser Herr der Kaiser wolle dem Herzogen das Reich übergeben jetzund zu Trier". Anzeig. f. Kunde XI. p. 203. Er will es aber nicht glauben, sondern rechnete es zu den schimpflichen Dingen, die dem Kaiser nachgeredet wurden.

In dem Berichte aus Herzogs Karl Lager vom 25. Aug. heisst es „Spricht dass sich zwischen Herzog und K. grosse Dinge begeben werden die alle noch in grosser Heimlichkeit gehalten werden". Weimar. Archiv.

²) In Freiburg trafen als Deputirte der Stadt Basel Peter Roth der Bürgermeister und zwei Rathsherren ein, die den Kaiser und Erzherzog Maximilian unterthänigst um Besuch ihrer Stadt baten. P. Ochs Geschichte der Stadt und Landschaft Basel, IV. Bd. p. 216—218 (Basel 1819), nach den Rathsbüchern der Stadt.

³) Brief in Janssen Reichscorr. II., 1 p 299—302. Bericht der Räthe Herzogs Sigmund Chmel Mon. Habsb 1 p. 43

⁴) In Colmar kam man den 10. Sept. an. Janssen Reichscorr. II, 1 p. 301.

⁵) Gedenkbuch des Metzer Bürgers Philippe von Vigneulles aus den Jahren 1471—1522, ed. H. Michelant p. 6 (Stuttgart gedruckt auf Kosten des litterarischen Vereins Stuttgart 1852).

⁶) Anzeig. f. Kunde etc. XI, p. 206.

⁷) „Also sind die räte mit der k. m von Basel komen gen metz. In hoffnung gewesen die durchluchtikait herzog Carles von Burgund wär auch da komen". Aufzeichnung der Sigmundschen Räthe: Chmel Mon. Habsb. 1. p. 43.

Plane nach. Er dachte an eine Besetzung der ihm so wichtigen starken Reichsstadt. Die Bürger hatten schon am 2. Sept. zu ihm Deputirte mit reichen Geschenken gesandt, dieselben waren freundlich entlassen worden[1]). Aber bald kam eine auserlesene Gesandtschaft, an der Spitze Bischof David von Utrecht[2]), welche meldeten, der Herzog werde „mit einer grossen zal volkes mit harnusch" in Metz zur Zusammenkunft mit dem Kaiser einziehen und verlange, dass ihm ein Thor überliefert werde[3]). Die Botschaft sollte den Kaiser erwarten und ihn im Namen des Herzogs begrüssen. Karl wartete den Erfolg der Sendung ab, als aber von den Metzern abschlägige Antwort einging, sah er seinen Anschlag missglückt. Zürnend wies er auf sein zahlreiches Kriegsvolk, hier hätte er die Schlüssel zur Stadt[4]). Nur Rücksicht auf den Kaiser hielt ihn von Gewalt zurück. Aber von Metz als Versammlungsort wollte er nichts mehr wissen, auch nichts von dem Vorschlage des Kaisers „Zue komen in etlich schoss (emend. schloss) der von metz uff dem Land[5]). So einigte man sich wieder über

---

[1]) Vigneulles l. c. p. 6. Die Metzer hatten alle Ursache vorsichtig zu sein; denn kurz vorher hatten sie einen Ueberfall des Herzogs Nicolaus von Lothringen zurückschlagen müssen. Barante histoire des ducs de Bourgogne X. p. 73.

[2]) Chmel Mon. Habsb. 1, p. 43. David war ein Bastardbruder Karls der von seinem Vater Philipp auf sehr gewaltsame Weise in das Bisthum eingeführt worden Sommer 1456. Johannes a Leydis de origine et rebus gestis Dominorum de Brederode bei A. Matthaeus veteris aevi analecta (editio II.) tom. 1, p. 680 ff. (Haag 1738); vgl. Wagenaar Vaderlandsche Historie 4. Deel, p. 52 ff. (Amsterdam 1750.)

[3]) Chmel l. c. p. 43.

[4]) Brief des Rudolf Agricola über die Trierer Zusammenkunft in Freher-Struve rer. Germ. scriptores II. p. 302. Der Brief ist von Lindner l. c. p. 11 bis 13 unzweifelhaft richtig analysirt; er ist im Wesentlichen eine latein. Uebersetzung des Briefes vom Burgunder Arnold von Lalaing (reichend vom 30. Sept. bis 4. Okt.), abgedruckt von Gachard Collection de Documens inedits concernant l'histoire de la Belgique, 1 tom p. 232—237 (Bruxelles 1833), woraus in Chmel Mon. Habsb. 1 p. 59—62. Am Anfange und Schluss fügt Agricola seiner Uebersetzung Angaben „ex his qui affuere" (Freher-Struve l. c. p. 305) hinzu, dazu streut er hin und wieder leicht erkennbare erläuternde oder reflectirende Bemerkungen ein.

[5]) Chmel Mon. Habsb. 1 p. 44.

Trier, wohin Friedrich denn am 27. September aufbrach [1]). Endlich hielt der Kaiser seinen Einzug in den altehrwürdigen Bischofsitz an der Mosel (29. Sept.) [2]) Ihm hatte sich ein vornehmes und erlauchtes Gefolge angeschlossen, sein Sohn der junge Erzherzog Maximilian, der Erzbischof Adolf von Mainz, die Bischöfe Wilhelm von Eichstädt und Georg von Metz, Herzog Albrecht von Bayern-München, Pfalzgraf Ludwig der Schwarze, der Markgraf von Baden, Herzog Stephan von Bayern, Domherr zu Köln, Graf Eberhard von Würtemberg, und dann die Räthe und Vertreter des Erzherzogs Sigmund, des Kurfürsten Albrecht u. a. Auch der Orient hatte hier seine Vertreter, ein Türkischer Prinz Calixt Ottoman, der in Gefangenschaft gerathen und die heilige Taufe angenommen hatte, und der Patriarch von Antiochien zogen vor allem die Blicke der Menge auf sich [3]). Es war ein Gefolge würdig des Hauptes der Christenheit. Am nächsten Tage ritt auch der Herzog ein, sein Zug bestand aus über 2000 Personen, unter

---

[1]) Vigneulles a. a. O. p. 7. Die Räthe Sigmunds geben den 26. Sept. an. Chmel l. c. p. 44.

[2]) Dieser Tag ist wohl der richtige, obgleich aus dem Schreiben Lalaings der 28. Sept. hervorzugehen scheint, Chmel Mon. Habsb. p. 59. Jedoch ist Lalaing im Gefolge Karls, dessen Ankunft am 31. Sept. er genau und richtig angiebt, und bestimmt die Ankunft der Deutschen nach dem Einzuge Karls. „Au regart de l'empereur, il estoit en la dite cité deux jours devant". Da kann leicht ein Versehen vorliegen, und ich pflichte Lindner a. a. O. p. 57 Anm. 5 nicht bei, wenn er dieser Angabe dieselbe Berechtigung zuschreibt, wie der des 29. Septembers. Alle Deutschen Quellen haben letzteres Datum: Joh. Knebel Chronik (in der Uebersetzung edirt von K. Buxtorf-Falkeisen l. Abth. 1473–1475. Basel 1851 p. 16, Speirische Chronik bei Mone Quellensammlung I. p. 108, ebenso Agricola in Freher-Struve II. p. 302, hier den Angaben Lalaings nicht folgend. Noch weniger zutreffend ist die Angabe Lindners a. a. O. p. 5, dass die meisten Quellen den Einzug Karls auf den 29. Sept. verlegen. Das thut allein der Bericht der Gesandten Sigmunds in Chmel l. c. p. 44 „Item uff mitwuchen nach Michaelis ist der von Burgunden zue Trier ingeritten etc." Richtig wird dabei von Lindner betont, dass die chronologische Bemerkung Chmels um eine Woche irrt. In den an Genauigkeit alles übertreffenden Aufzeichnungen der Burg. Maitres d'hôtel steht auch der 30. Sept. Com. ed. Lenglet II p. 208, ebenso bei Agricola l. c. p. 302 etc.

[3]) Die Namen finden sich in Comines ed. Lenglet p. 208. 209. Chmel Mon. Habsb. 1 p. 57 (Bericht eines ungenannten Augenzeugen); vgl. Agricola Freher-Struve II. p. 309.

ihnen die Bischöfe von Utrecht und Lüttich, zwei Herzöge von Cleve, die Grafen von Marle, Nassau, Salm u. a.[1])

Wir treten nunmehr an ein Bild der Geschichte, über dem ein Schleier liegt, und das in seinen vollen wahren Zügen nie ganz erkannt werden wird. Indess soweit kann doch der Schleier gehoben werden, dass man im Grossen und Ganzen das Richtige abzunehmen vermag. Die Schwierigkeit liegt an der eigenthümlichen Beschaffenheit der Quellen, die obwohl reichlich fliessend, uns meistens nur ausführliche Schilderungen der Aeusserlichkeiten gewähren, über die tieferen Zwecke der Zusammenkunft aber entweder flüchtig hinweg gehen, oder sich in den verschiedenartigsten oft luftigsten Muthmassungen ergehen. Wenigstens gilt dies von der ersten Hälfte der Begegnung. Zuletzt fällt etwas mehr Licht in das Dunkel dieser Vorgänge.

Nur in einem Punkte treffen alle Ueberlieferungen zusammen, das ist in dem fast unbewussten Gefühle, dass es sich hier um bedeutsame mächtig eingreifende Dinge handele.

Wir verzichten von vorne herein auf eine Erzählung des in Trier entfalteten fürstlichen Glanzes. Der Reichthum Burgunds setzte Alles in Erstaunen und überstrahlte bei Weitem das Auftreten der Deutschen[2]). Aber die so oft wiederholte meistens auf Comines[3])

---

[1]) Com. ed. Lenglet II. p. 208. Auch für die Trierer Tage ist dies Hofjournal eine erwünschte Ergänzung der andern Quellen. Genau werden die Zusammenkünfte der beiden Fürsten, die Feste, welche der Burgunder den Deutschen giebt, die Besuche, die er empfängt, kurz das ganze Treiben dort vermerkt. Freilich liegen dem Verfasser die politischen Verhandlungen fern, er erwähnt nur die Belehnung mit Geldern am 4. November, und dass die Lehnsurkunde am 6. ausgefertigt wurde. Ueber die Gründe, welche die Trennung veranlassten, schweigt er und führt nur kurz an „le 25. (novembre) il (i. e. le duc de Bourgogne) partit après-disner de sainct Maximin lez-Treves, et aller coucher à Mackeren en Luxembourg etc.", ibid p. 209

[2]) Fast naiv klingt es, wenn uns einmal erzählt wird, dass Kaiser und Fürsten bei einem Besuche Karls diesen umstanden, seinen von Gold und edlem Gestein prangenden Anzug in Augenschein nahmen und „ein Befremden darob empfingen". Bericht der Brandenb. Räthe Anzeig. f Kunde etc. XI p. 236.

[3]) ed. Dupont l. p. 167. Die Nachrichten Comines' über die Zusammenkunft sind überhaupt ganz mangelhaft und unbrauchbar. Baraute l. c. X. p. 84 stützt sich auf ihn.

zurückgehende Bemerkung, dass der Aufzug derselben so ganz armselig gewesen, ist zurückzuweisen. Anwesende Welsche bezeugen, dass der Kaiser und die Deutschen Fürsten sehr reich und prächtig gekleidet gewesen wären [1]). Den einzig richtigen Gesichtspunkt für die Verhandlungen in Trier gewährt der Inhalt der bereits besprochenen, die Absichten beider Theile in der klarsten und bestimmtesten Weise enthüllenden Documente, welche in die Zeit kurz vor der Zusammenkunft gehören. Sicherlich sind die Betheiligten mit ganz eben denselben Wünschen und Plänen sich persönlich gegenübergetreten, die sie sich vorher durch ihre Gesandten mitgetheilt hatten. Noch am 14. August hatte ja Albrecht Achill von einem Gerücht geschrieben, wonach in Trier die Herrschaft über das Deutsche Reich an Burgund übergehen sollte [2]). Und ein gleichzeitiger Historiker, der Krakauer Canonicus Johannes Longinus oder Dlugossus sagt in seinen historiae Polonicae [3])

[1]) So der Burgunder Arnold von Lalaing „l'empereur .. ala au devant de mondit seigneur environ demy lieue loing, accompaignié de monseigneur son fils et des princes et seigneurs de son hostel lesquelz aussy à leur mode, estoient tres bien et richement habilliez". Chmel Mon. Habsb. 1 p. 59. Aehnlich der vielerfahrene Thomas Basin, früherer Bischof von Lisieux (1491) historie des règnes de Charles VII. etc. de Louis XI. ed. J. Quicherat tom. II. p. 322 (Paris 1856). „Cum imperatore tum etiam adfuerunt in magnifico et honorabili statu plures Germaniae principes, tam electores sacri Imperii quam alii" etc.

Der Prunk des Herzogs in Trier erhielt in der späteren Tradition bald einen mythischen Charakter. So wächst das etwas über 2000 M. betragende Gefolge desselben in dem von Bircken überarbeiteten Fuggerschen Spiegel der Ehren des Erzhauses Oesterreich 5. Buch p 770. (Nürnberg 1668) bis auf die Zahl von 3000 Kürassieren, 5000 leichter bewaffneter Reiter und 6000 Schützen zu Fuss. Chmel in der dem 1. Bd. der Mon. Habsb. vorausgeschickten Habsburgischen Chronik p. LX nimmt diese späten übertriebenen Angaben auf, wie er überhaupt in der Chronik primäre und spätere Quellen ohne viel Unterschied in einander verarbeitet. Jedoch muss man beachten, dass der Verfasser die eigentliche wissenschaftliche Behandlung der Fortsetzung seiner Geschichte Kaiser Friedrich III. vorbehalten hatte, s. ibid p LI., p. LVII. Die zahlreichen und ausführlichen Erzählungen von Zeitgenossen über die Festlichkeiten hat zu einem ansprechenden Bilde zusammengefasst Lindner l. c. p. 58—71.

[2]) Anzeig. f. Kunde etc. XI. p 204ᵃ.

[3]) Lib. XIII. tom. II. p. 500. Die Nachrichten Dlugosz' über die Trierer Zusammenkunft sind von Lindner l. c. p. 24 unterschätzt worden. Wenn

geradezu: Der Kaiser hätte zum Nachtheil der Deutschen Nation in Trier zugestanden, dass Karl zum römischen Könige gewählt würde und seine Krönung in Aachen stattfinden sollte.

einen, so befähigte diesen Kleriker Lebensgang und Stellung gute Nachrichten über den Gang der europäischen Politik einzusammeln.
Johannes Dlugosz geb. 1415, gest. Mai 1480 (II. Zeissberg die Polnische Geschichtsschreibung des Mittelalters p. 263. Leipzig 1873) stammte aus dem edlen Polnischen Geschlechte der Wieniawa. Früh den Wissenschaften zugewandt, kam er nach Krakau, wo er Geistlicher an der Kathedralkirche wurde und bald in das vertrauteste Verhältniss mit dem Bischof Zbigniew Oleśnicki trat. Ihm oder vielmehr dessen Manen widmete er später auch sein grosses Geschichtswerk. Besonders thätig war er im Archiv der Kirche, das er auf's sorgsamste ordnete. Im 25. Lebensjahre erhielt er das Sacerdotium, bald darauf wurde er Canonicus. Seine Geschäftstüchtigkeit erregte bald die Aufmerksamkeit des Königs. Kasimir, der ihn in seinen Rath aufnahm. In der Stellung als Vertrauensperson hat er sich bis zu seinem Tode im höchsten Grade zu behaupten gewusst. Bei allen grossen politischen Aktionen Polens war er thätig, ihm wurden die bedeutungsvollsten und schwierigsten Legationen anvertraut. Durch diese lernte er weit entlegene Länder und Staaten kennen, er ist nach Preussen, Böhmen, Ungarn, Deutschland, Rom, sogar um einen religiösen Drang zu befriedigen, nach dem heiligen Lande gekommen. Sein Verhältniss zur königlichen Familie wurde noch enger, als ihm Kasimir die Erziehung seiner Kinder übertrug. So ward er Lehrer des Wladislaw, der nach dem Tod Georgs von Podiebrad zum Könige Böhmens gewählt wurde. Dlugosz begleitete ihn nach Prag; hier wurde ihm die erzbischöfliche Würde angetragen, aber von ihm ausgeschlagen, weil die Böhmen sich dem rechten Glauben entfremdet hätten.

Diese Angaben entnehme ich der lateinischen Vita Dlugossi von einem Ungenannten abgedruckt im 1. Bd. der historiae Polonicae Leipzig 1711. Der Verfasser, nach seiner ganzen Schreibweise sicherlich ein Geistlicher, erscheint durchaus glaubwürdig, wenn auch etwas panegyrisch; er steht seinem Helden zeitlich nahe, schreibt wohl noch vor dessen Tode (Zeissberg l. c. p. 335. Anm. 2) und kennt den Schauplatz von dessen Thätigkeit aus eigener Anschauung. (Die Frage nach der Person und dem Namen des Verfassers wird erörtert von Gottlieb Krause in der praefatio zum II. Bd. der historiae Polonicae p. III. seqq. Leipzig 1712).

Ein Mann von solcher Lebensstellung war vorzugsweise befähigt zur Abfassung eines grösseren Geschichtswerkes. Dieser Erwartung hat Dlugosz auch in hervorragender Weise entsprochen, seine Polnische Geschichte beweist den grössten Sammelfleiss neben dem anerkennenswerthen Bestreben möglichst urkundliches Material heranzuziehen.

Freilich ist er als Römisch-katholischer Geistlicher und eifriger Polnischer Patriot von Parteilichkeit nicht frei, scheut sich sogar nicht vor

Auf dasselbe weisen auch Spätere hin, so der verständige Jacob Meyer (geb. 1491, gest. 1552) in seinen Flandrischen Annalen [1]) und der noch jüngere und viel unzuverlässigere Pontus Heuterus (geb. 1535, gest. 1602) in seiner Burgundischen Geschichte [2]).

schriftstellerischer Erfindung; aber in der Karl den Kühnen betreffenden Stelle seines Werkes ist er vollständig unbefangen.

Wenn er nun auch nicht selbst in Trier zugegen war, so waren doch damals wichtige Verbindungen zwischen Polen und Friedrich III. angeknüpft, welche sich mit den Verhandlungen in Trier berührten. Polen-Böhmen suchte die Freundschaft des Kaisers gegen Matthias. In Baden traf dieserhalb Anf. August eine Polnische Gesandschaft ein. (Anzeig. f. Kunde etc. p. 204. Dlugosz II. p. 499). Friedrich kam ihnen auf's bereitwilligste entgegen und liess die Könige bitten, ihre Botschaft zu dem auf den 1. Sept. angesetzten allgemeinen Reichstag zu senden. Dort könne man das Bündniss erneuern, und werde er die endgültige Entscheidung für Wladislaw in dem Streit um die Böhmische Krone abgeben (Dlug. II. p. 499). Sofort wurden von Böhmen und Polen Gesandte abgeordnet, die aber den Kaiser nicht trafen. Er war bereits nach dem Rhein gezogen. Sie wurden von Kurfürst Albrecht empfangen und hielten sich bei diesem in seinen fränkischen Landen längere Zeit auf (Dlugosz II. p. 499. Brief Albrechts v. 1473 Nov. 13. in Müller Reichstags-Theatrum 5 Vorst. p. 598). Erst nach der Trierer Zusammenkunft trafen sie in Nürnberg den Kaiser (Dlug. II. p. 501).

Daraus erhellt, dass Dlugosz sehr wohl im Stande war gute Nachrichten einzuziehen über die alle Welt beschäftigende Reise des Kaisers nach Trier. Schon in Baden konnte der Polnische Gesandte manches erfahren, damals waren die Unterhandlungen mit Burgund in vollem Gange. Dann konnte der Aufenthalt der zweiten Böhmisch-Polnischen Gesandtschaft bei Kurfürst Albrecht genug neue Kunde bringen Derselbe war durch seine Räthe auf's beste über die Ereignisse der Trierer Tage unterrichtet, ihre Relationen bilden die vorzüglichste Grundlage unserer Kenntniss.

Bei dem langen Aufenthalt am Kurfürstlichen Hofe, wo sie sehr ehrenvoll behandelt wurden, haben sie sicherlich aus bester Quelle viel in Erfahrung gebracht Sie sind Dlugosz alles wohlbekannte Personen, er führt sie namentlich an; Einer, Stanislaus de Kurozwaki, ist wie er Canonicus von Krakau. Nachdem sie ihr Geschäft vollbracht und die Bestätigung Wladislaws als König von Böhmen erlangt, kehrten sie Ostern 1474 nach ihrer Heimath zurück (Dlug. II. p 501) und haben ihrem angesehenen und gelehrten Landsmanne manche gute Nachricht mitgebracht. Das beweisen am besten seine eigenen Angaben die in Bezug auf Brauchbarkeit nicht den letzten Platz einnehmen. Sie stimmen oft in evidenter Weise mit der besten zeitgenössischen Ueberlieferung.

[1]) Annales Flandrenses lib. XVII. p. 411 (Frankfurt a./M. 1580)
[2]) Lib. V. der rerum Burgundicarum c. VIII. p. 136. (opera historica

Es drängt sich nun aber unwillkürlich die Frage auf: Wie konnten Verhandlungen von solcher Tragweite dem Auge der Zeitgenossen fast ganz verborgen bleiben? Das lag an der ganz ausserordentlichen Geheimhaltung derselben. Sie wurden in aller Abgeschlossenheit von den Andern im Innern der Gemächer geführt. Niemand von den vielen angesehenen Reichsfürsten ward hinzugezogen, was diese als kränkend empfanden [1]). Nur die vertrautesten Räthe Graf Hugo von Werdenberg, Graf Hugo von Montfort, Graf Rudolf von Sulz, Meister Hans Rebein und der Fiskal Hans Keller liess der Kaiser Theil nehmen [2]). Sie waren ja bereits früher eingeweiht worden.

In der ersten Zeit des Trierer Aufenthalts traten die ernsten Zwecke zunächst zurück. Nachdem sich die Fürsten am 30. Sept. zum ersten Mal begrüsst, begann in den folgenden Tagen ein glänzendes höfisches Treiben, ausgefüllt mit gegenseitigen Besuchen, Banketen und Turnieren. Das entsprach einmal dem Geiste jener Zeit und Karl liebte es, so sehr er aller Weichlichkeit fremd war, seiner Herrschermacht durch eine grossartige Prachtentfaltung Ausdruck zu geben. Er residirte in der berühmten Benedictiner-Abtei St. Maximin vor den Pforten der Stadt, während der Kaiser im Palaste des Erzbischofs Johann Wohnung genommen hatte. Nach

---

Löwen 1652). „Postremo petebat loco, ut se Imperii Legatum nominaret, ad Imperium tacite anhelans, quod pater eius Philippus Bonus repudiaret."
[1]) Das findet sich in fast allen Berichten, so der Augenzeuge bei Chmel Mon. Habsb. I. n. 15. der Kaiser und Herzog hätten sich allein berathen, worüber „dy andern herren ein verdries dorinnen gehabt, das sie allein bei ein ander gewesen sein (l. c. p. 59). Ebenso bemerken die Brandenburger Räthe „dass solch Handlung den Fürsten ganz nit gefallen hat, dass sie in solchen Händeln ausgeschlossen worden sind" Anzeig. f. Kunde etc. XI p. 240. Thomas Basin l. c. II. p. 326 versichert, er wäre damals in Trier gewesen, hätte aber nichts in Erfahrung bringen können über die Gründe des Bruches zwischen dem Kaiser und Karl „sed nec tunc nec postmodum, licet satis sollicite de causa illius subitae discessionis perquisierimus, ad verum et certum eam noscere potuimus".

Dieser Charakter der Heimlichkeit blieb den Verhandlungen bis zuletzt. Kurfürst Albrecht bittet in seinem Briefe an Herzog Wilhelm von Sachsen diesen um unverbrüchliches Schweigen in Betreff der ihm gemachten Mittheilungen s. Müller Reichstagstheatrum 5. Vorstell. p. 598.

[2]) Anzeig. f. Kunde XI. p. 240.

gegenseitigen Höflichkeitsbesuchen kam es am 3. Okt., einem Sonntage, in der Wohnung des Herzogs zum ersten Male zu politischen Besprechungen. Die Fürsten waren mit wenigen Auserwählten in einem kleinem Gemach bei einander und Erzbischof Adolf von Mainz sprach im kaiserlichen Auftrage von der Bedrängniss der Christenheit durch die Moslim und der Hoffnung, dass Karl gleich seinen frommen Vorfahren hier Hülfe bringen werde. Die Antwort erfolgte in einem grösseren Zimmer, wohin man sich auf die Bitte Karls begab, durch den Burgundischen Kanzler Wilhelm Hugonet in Gegenwart aller in Trier anwesender Notabilitäten: Karl trüge das lebhafteste Verlangen seine ganze Kraft der heiligen Sache zu weihen. Aber er sei zu Hause gehemmt durch die Treulosigkeit des Französischen Königs, der sich an Verträge und Eide nicht haltend seine Lande mit steter Gefahr bedrohe. Haarklein wird ausgeführt, was Ludwig gegen Burgund verbrochen, wie bis jetzt kein dauernder Friede mit ihm hätte ermöglicht werden können. Wüsste der Kaiser ein Mittel, so würde er es gern ergreifen. Vorher aber könne er einen Zug gegen die Türken nicht ohne Weiteres zusagen und bäte um etwas Bedenkzeit [1]). Darauf blieben die Herren noch eine Weile in geselliger Fröhlichkeit bei einander. Am nächsten Tage gab Wilhelm Hugonet im Namen seines Fürsten vor dem Kaiser die Erklärung ab, dass die Nachbarschaft des Französischen Königs dem Herzoge keine Heeresfahrt wider die Osmanen gestatte „Vnd domit [hat er] die Hilf abgeschlagen mit zierlichen Worten" [2]).

Diese geräuschvollen Verhandlungen machen einen seltsamen Eindruck, wenn man bedenkt, wie wenig sie im Grunde die Ursache waren, welche die beiden Fürsten zusammengeführt hatte. Sie waren ein passendes Mittel dem Geist der in Trier Versammelten Beschäftigung zu geben; sie waren unverdächtig und konnten der allgemeinen Beurtheilung überlassen werden. Noch in der nächsten Zeit

---

[1]) Anzeig. f. Kunde etc. XI. p. 236. Chmel Mon. Habsb. I. p. 61. (Brief Lalaings.)

[2]) Anzeig. f. Kunde etc. XI. p. 236. Der Bericht der Räthe Albrechts ist für die erste Hälfte der Zusammenkunft, wo die Verhandlungen über einen Türkenzug mit so vielem Geräusch in Scene gesetzt wurden, weitaus die wichtigste Quelle. Dem einen Gesandten, dem Dechant Hertnid v. Stein, wurde bei denselben selbst eine Rolle zu Theil (Anz. etc. XI. p. 237).

wurden sie in aller Oeffentlichkeit geführt. Es wurde Deutscher Seits eine Commission zu ihrer Vertretung gewählt, dazu gehörten der Mainzer, Herzog Albrecht von Bayern-München, Markgraf Karl und der Brandenburgische Rath Hertnid vom Stein. Sie brachte die Sache wieder vor den Herzog. Ihr Sprecher, der Erzbischof betonte des Kaisers lebhaften Wunsch, den so allgemein nachtheiligen Zwist zwischen Burgund und Frankreich beizulegen. Wenn Karl nicht mit seiner ganzen Macht ausrücken könnte, möchte er wenigstens des Beispiels für andere Fürsten und Herren wegen etwas thun um der Noth der Gläubigen abzuhelfen. Wieder liess sich der Burgunder Bedenkzeit geben [1]).

Die Antwort war wie früher abschlägig. Die Gefahr, die von Frankreich drohte, zwänge ihn beständig drei grosse Heere unter Waffen zu halten; zöge er eins derselben zurück, so gäbe er eine Seite seines Landes dem Feinde Preis. Eine Einigung mit dem Französischen König werde in Folge von dessen Charakter wohl sehr schwer halten. Man kam zu dem Beschluss, von beiden Seiten solche zu ernennen, die über die Sache weiter berathschlagten.

Am andern Tage (7. Okt.) gab der Herzog seinen Deutschen Gästen ein Fest, dessen Herrlichkeit zu schildern alle Berichterstatter nicht genug Farben finden können [2]).

In der Folgezeit nahm die Zusammenkunft einen etwas anderen Charakter an, der ernste Zweck derselben trat mehr hervor. Es werden jetzt häufige geheime Berathungen erwähnt. Man bemühte sich ängstlich, den Inhalt dieser rein persönlichen Unterredungen den Augen der Andern zu entziehen Man sorgte auf alle Weise für Zerstreuung der müssigen Herren. Neben glänzenden Turnieren [3]) gab man ihnen in öffentlichen Sitzungen zu thun, wo über allgemein bekannte Sachen, wie Türkennoth, Belehnung

---

[1]) Diese Verhandlung fand am Dienstag den 5. Okt. statt. Anzeig. etc XI. p. 237.

[2]) Die Küchenrechnung des Gastmahls betrug allein über 1117 Gulden, eine für damalige Zeiten enorme Summe, Burg. Hofzeitung Com. ed. Lenglet II. p. 209.

[3]) So veranstaltete Karl am 18. Okt. ein grosses Stechen. Com. ed. Lenglet II. p. 209.

Karls mit dem eroberten Geldern und Beilegung der Feindschaft mit Ludwig XI. berathschlagt wurde [1]).

Doch lange konnte das Gaukelspiel unmöglich vorhalten. Die Deutschen Fürsten waren zu sehr daran gewöhnt, in allen wichtigen Dingen ihre Entscheidung abzugeben, als dass sie nicht in jenen heimlich gepflogenen Zusammenkünften eine Zurücksetzung erblicken mussten. Dass sie nicht harmloser Art waren, dafür bürgte ihre sorgsame Verhehlung. Die öffentlichen Berathungen konnten ihnen kaum mehr ernst gemeint erscheinen. „Es haben aber die Fürsten und Fürstenräthe wohl verstanden, dass nit Noth gewest ist, ihr Haupt darum vast zu brechen" [2]). Ihr Argwohn erwachte und sagte ihnen, dass jene hinter ihrem Rücken gehaltenen Gespräche wohl auch sie angiengen [3]). Die Ahnung sagte die Wahrheit. Denn — das folgt als ganz nothwendiger Schluss aus dem Vorausgegangenen — Karl hatte an den Kaiser das Ansinnen gestellt ihm entweder sogleich die römische Krone zuzuwenden oder wenigstens das Vicariat (Statthalterschaft) für den gesammten Umfang des Deutschen Reiches. Es handelte sich also über eine wenn auch zunächst nur theilweise Abtretung der Regierungsgewalt des Kaisers über Deutschland.

Anfangs schien das beste Einvernehmen zwischen den beiden Fürsten zu herrschen [4]). Jedoch zwei so grundverschiedene Naturen, wie Friedrich und Karl, konnten nicht längere Zeit mit einander umgehen, ohne in Collisionen mit einander zu gerathen. Das bedächtige, langsame, jedes Für und Wider sorgfältig erwägende Wesen des Habsburgers musste dem Feuergeiste Karls bald unerträglich werden. Sein Herrengeist mochte sich vor diesem Manne nicht beugen. Es schwand immer mehr die Ehrerbietung, mit welcher er anfangs Friedrich als dem Träger der kaiserlichen

---

[1]) Anzeig. etc. XI. p. 241.
[2]) Ibid.
[3]) „Und lassen uns bedunken, es sey mehr Glaubens und Wissens zwischen ihnen gemacht dann ihr Meinung war, noch zur Zeit die Leut wissen sollten" l. c.
[4]) Das war in der ersten Zeit heiterer Festlichkeiten s. Anzeig. f. Kunde etc. XI. p 236. etc.

Majestät begegnet war [1]). Bald hörte man „als ob nit ganzer Will zwischen ihnen sey" [2]).

Es steht unumstösslich fest, dass schon nach Ablauf eines Monats eine Stimmung in Trier um sich griff, die einen völligen Bruch herbeizuführen drohte. Die Deutschen Fürsten waren missvergnügt; Herzog Albrecht von Bayern ritt am 18. Okt. mit Einwilligung des Kaisers fort, eine epidemische Krankheit raffte eine grosse Menge Deutscher und Burgundischer fort, Aller Geist war gedrückt [3]), man wusste nicht, wie die leitenden Häupter zu einander standen und was sie beschlossen. Der Aufbruch wurde sicher am 30. oder 31. Okt. erwartet. Der Bischof von Eichstädt und andere Fürsten liessen sich bereits von Friedrich Urlaub zur Abreise ertheilen.

Unsre besten zeitgenössischen Quellen, der Bericht der Räthe Albrechts Achill und der von Herzogs Sigmund Gesandten sagen bestimmt, dass Herzog Karl am 31. Okt. aufgebrochen sei, in der Absicht die Weiterverhandlungen aufzugeben [4]).

Jedoch muss der Bruch nicht so eclatant gewesen sein, wie einige Wochen später. Vielleicht hielt man sich noch den Weg späterer Verhandlung offen und fühlte nur für jetzt die Unmöglichkeit sich einen zu können.

Die Hauptschwierigkeit lag an Karls Forderung die Reichsregierung in die Hand zu bekommen. Es galt einen Weg aus-

---

[1]) „Car pour vous advertir mondit seigneur ne sceut faire honneur à l'empereur, que l'empereur ne lui en veulle faire autant" schreibt Arnold von Lalaing Chmel Mon. Habsb. 1. p. 60.

[2]) Anzeig. etc. XI. p. 240.

[3]) „Doch möchten wir allweg den Aufbruch wohl leiden; dann uns die Weil bey solchem Wesen nit kurz ist" Anzeig. etc. XI. p. 241.

[4]) Dies erste Zerwürfniss in Trier hat zuerst Lindner l. c. p. 6, p. 9 und p. 72, 73 fussend auf jenen Relationen an's Licht gestellt.

Karl gab kurz vor seinem Aufbruch den Brandenburger Gesandten sein Bedauern zu erkennen, dass ihr Herr nicht zugegen wäre „und ist des Herzogen und auch anderer Fürsten und der kaiserlichen Räthe Meinung ganz gestanden, wo Euer Gnaden persönlich entgegen gewest wäre, die Sachen, so bisher gehandelt sein, hätten sich zu viel kürzerem Austrag gefügt dann geschehen ist" Anzeig. etc. XI. p. 241.

Den Gesandten Sigmunds liess er in der Abschiedsaudienz vom 30. Okt. sagen, dass er jetzt nach den Pfandschaftslanden und dem Herzogthum Burgund hin ziehen wolle Chmel Mon. Habsb. 1. p. 47.

findig zu machen, der einerseits den Deutschen Ständen wenige Anstoss erregte, andrerseits jener Absicht des Burgunders in etwas Rechnung trug. Der Habsburger war voll heissem Verlangen, dass die so lange geplante Ehe zu Stande käme, und scheint wohl derjenige gewesen zu sein, welcher einlenkte und einen modus vivendi vorschlug. Es heisst in der Relation der Räthe Erzherzogs Sigmund „In vigilia omnium sanctorum (d. i. am 31. Okt.) dux ab urbe recessit imperatore eum associante, quid autem in illa dieta mutuo concluserint non est in palam adhuc usque productum, sed in utriusque mentibus et animis reconditum" [1]). So bot also noch in letzter Stunde Friedrich die vermittelnde Hand.

Und wirklich wurde Karl zurückgehalten, die Verhandlungen wurden wieder aufgenommen, traten jetzt aber in ein anderes Stadium. Auch die Ueberlieferung ändert sich plötzlich. Während sie für die erste Zeit im Grunde nichts oder doch nur schwache Andeutungen gewährte, treten uns jetzt bestimmte Angaben über Abmachungen zwischen dem Kaiser und Burgunder entgegen.

In der That einigten sich beide bald über mehrere Punkte, indem jeder ein wenig nachgab.

Wir sahen, dass schon früher auf die schroffen Bedingungen Karls von dem Habsburger als allein möglich die Erhebung zu einem vom Deutschen Reich lehnspflichtigen König angeboten wurde. Die Wahl des Namens für dss neue Königreich sollte dem Burgunder überlassen werden [2]).

Schon damals als Friedrichs Stellung im Reich noch ganz bedeutungslos war, und man sogar an seine Absetzung dachte, mochte er nicht weiter gehen, jetzt stand er wesentlich besser. Hatten die Reichstage von Regensburg und Augsburg nicht viel positive Beschlüsse aufzuweisen, so war doch unstreitig durch sie das Gefühl nationaler Zusammengehörigkeit unter den Deutschen wieder erweckt worden. Seitdem erscheint der Habsburger als das unbestrittene und geehrte Oberhaupt des Reiches. Jene Pläne sein Regiment im Reiche zu beseitigen waren weit zurückgedrängt.

---

[1]) Chmel Mon. Habsb. l. p. 48.
[2]) s. Brief Sigmunds von 1470 Sept. 26 an Karl. Chmel Mon. Habsb. l. p. 27.

Seine Lage war derart, dass er sich dem ehrgeizigen Burgunder nicht unbedingt hinzugeben brauchte; denn er besass an den Deutschen Fürsten einen nationalen Halt. Aber seinen Lieblingswunsch, die Erreichung der Heirath zwischen seinem Sohn und Maria, mochte er nicht aufgeben, er hielt den ungeduldigen Herzog im entscheidenden Moment zurück, indem er etwas über die Anerbietungen aus früherer Zeit hinausging.

Am 4. Nov. fand die von Karl sehr gewünschte Belehnung mit dem Herzogthum Geldern und der Grafschaft Zütphen statt, und wurde somit Seitens des Kaisers diese gewaltsame Aneignung sanctionirt. Knieend empfing Karl die Fahnenlehen der Länder und gelobte, dem heil. Reich immerdar ein treuer Vasall zu sein [1]). Zwei Tage darauf wurden die Lehnsurkunden ausgestellt [2]).

Das war der erste offenkundige Beweis des wiedergekehrten Einvernehmens. Der Kaiser gab sich also Mühe, den Herzog zufrieden zu stellen. Es ist erkennbar, dass er auch noch jetzt dem Hauptplan desselben in etwas Rechnung trug. Freilich handelte es sich jetzt nicht mehr um directe Verleihung der Römischen Krone, davon hat Karl nun Abstand genommen, sondern seine Lande sollten zu einem erblichen Königreich erhoben werden, dem wahrscheinlich der Name Burgund bestimmt ward. Jedoch besteht hier eben nur ein Wahrscheinlich. Die Quellen haben sehr verschiedene Angaben [3]).

---

[1]) Basin ed. Quicherat tom. II. lib IV. p. 324.
Com. ed. Lenglet II. p 205. Neuere wie Lichnowsky Geschichte Habsburgs VII. p. 144 und Chmel Habsburg. Chronik Mon. Habsb. I. p. LXX. lassen unrichtig Belehnung und Ausstellung der Lehnsurkunden am selben Tage den 6. Nov. stattfinden.

[2]) Müller Reichstags-Theatrum 5. Vorstell. p. 587—589 (Chmel regg. II, p. 660). Die Rechtsansprüche des Herzogs Gerhard von Jülich und Berg hatte Karl durch die Summe von 80000 rhein. Gulden abgekauft. Müller a. a O. p 585—586.

[3]) Unsre fortan wichtigste Quelle der Briefe des Kurfürsten Albrecht an den Herzog Wilhelm von Sachsen vom 13. Nov. (Müller Reichstags-Theatrum 5. Vorst. p. 597 sq. und Riedel cod. dipl. Brand. II 5. p. 237) der beweist, dass die Brandenburger Räthe ihren Bericht noch über den 31. Okt. hinaus fortgesetzt haben —, führt überhaupt keinen Namen für das neue Königreich an. Andre sprechen von einem Königreich Burgund, das eine Erneuerung des alten Burgund sein sollte, so Basin l. c. p 324 f. Vielleicht knüpfte Karl wirklich an eine solche Idee an, trotzdem seine Länder ihrer

Diesem neuen Königreiche wurden eingeschlossen das vor kurzem eroberte Geldern mit der Grafschaft Zütphen, dazu das Herzogthum Lothringen, welches seit dem Tode des Nicolaus von

Hauptmasse nach nicht innerhalb der Grenzen des alten Königreiches Burgund sondern des einst mächtigen Lothringischen Reiches lagen.

Aehnlich wie Basin berichtet ein Schreiben der Berner an Freiburg, Solothurn und Luzern vom 29. Nov. über eine Wiederherstellung und Vergrösserung des Burg. Reiches. Die Nachrichten sind unglaublich übertrieben und verworren: Der Kaiser habe am 25. Nov. den Herzog zum König gekrönt, ihm zu seinen Landen noch Savoyen, Piemont, das Herzogthum Mailand und einige Deutsche Städte versprochen, auch was diesseits des Jura einst zum Königreich Burgund gehört. Als Hauptstadt dieses Reiches wäre Besançon bestimmt. Zellweger Archiv f. Schweiz. Gesch. 5. Bd. p. 27. (E. v. Rodt Die Feldzüge Karls des Kühnen. 1. Bd. p. 179. Schaffhausen 1843).

Auch Albert Krantz in seiner Saxonia p. 317 (Frankfurt 1575) gedenkt Burgunds, jedoch schwankt seine Angabe zwischen Belgien, Gallien und Burgund „efferebatur in publicum, ut Carolus accepta de manu Imperatoris corona, rex salutaretur Belgicae Galliae aut Burgundiae. Nam olim Burgundia regnum erat". Die meisten zeitgenössischen und zwar die zuverlässigsten Quellen sprechen überhaupt noch von keinem Namen des neu zu creirenden Königreiches, so neben jenem Briefe Albrechts auch Agricola bei Freher-Struve II. p. 305. Die beiden Zeitgenossen bei Chmel Mon. Habsb. I. Nr. 13 und Nr. 14, deren Nachrichten unter dem unmittelbaren Eindruck der grossen Ereignisse aufgezeichnet sein müssen, haben auch keinen bestimmten Namen. Aus dem Bericht der Räthe Sigmunds ist er auch nicht herauszulesen, die Stelle ist corrumpirt Chmel Mon. Habsb, 1. p. 50.

Andere wie der kritiklose Trithemius in seinen Annales Hirsaugienses II. p. 481 bringen ganz Verworrenes. Da die Herzöge von Lothringen zum Theil Titularfürsten von Süd-Italien waren — so der ältere René Titularkönig von Neapel und Sicilien, Nicolaus Herzog von Calabrien — so überträgt Trithemius das Streben Karls nach dem Besitz Lothringens auch auf Sicilien und erzählt allen Ernstes „(Carolus) . . apud Caesarem Fridericum occulte laborabat, ut enim in Siciliae regem sublimatum coronaret".

Dasselbe mit noch grösseren Verkehrtheiten hat Nauclerus in Memorabilium omnis aetatis et omnium gentium chronici commentarii III. p. 495.

Der ein Menschenalter spätere Arzt und Geschichtsschreiber Reinier Snoy (geb. a 1477 zu Gouda, gest. ebendselbst im J. 1537 nach de Wind Bibliotheek der Nederlandsche Geschidschryvers I Deel p. 116. Middelburg 1831) sagt im II. Buche seines Werkes de rebus Batavicis p. 162 bei F. Sweertius rerum Belgicarum Annales tom. I. (Frankfurt 1620), dass Karl seine Länder in zwei Königreiche habe zerlegen wollen „Nam et ad eam (i. e. maiestatem regiam) aspirare et ditiones suas velle in duo regna partiri visus,

Calabrien als ein dem Reich heimgefallenes Lehen angesehen wurde. Ferner begab sich der Kaiser der Rechte, die er als Oberhaupt des Reiches an drei Stiftern besass: Utrecht, das in seinen Grenzen bis nach Groningen reichte und Karln das Bindeglied bot zwischen dem unterjochten Geldern und den rebellischen Friesen westwärts des Laubachflüsschens, das grosse Bisthum Lüttich und endlich das Bisthum Toul [1]). Die ganze grosse Ländermasse der alten und neuen Provinzen soll Karl als König vom Deutschen Reich zu Lehn tragen, und sollte sie eine starke Grenzmauer Deutschlands gegen den West werden [2]).

Burgundiae et Frisiae: In hoc Hollandia, Zelandia, Gelria, Brabantia, Limburgum, Namurcum, Hannonia et Dioceses, Leodiensis, Cameracensis et Traiectina: Altero Burgundia, Luxemburgum, Arthesia, Flandria, ecclesiaeque cathedrales Sadunensis, Tullensis, Verdunensis essent".

In den Darstellungen der späteren und neusten Zeit findet sich meis'ens das Königreich Burgund.

Eigenthümlich und von mir in keiner Quelle gefunden ist die Bemerkung Lichnowsky's l. c. VII. p. 145, dass das Königreich von Brabant den Namen tragen sollte.

[1]) Auch in der Angabe der Bisthümer schwanken die Quellen. Wir folgen dem Briefe Albrechts vom 13. Nov., der sich auf die Mittheilungen seiner Räthe stützt. Jene Abmachungen müssen also bereits in die ersten Tage des Nov. fallen. Dlugosz hist. Pol. II. p. 500 nennt nur Lüttich und Utrecht. Der unbekannte Zeitgenosse bei Chmel Mon. Habsb. l. p. 14 hat „Lietich, Tolln vnd Werde (i. e. Verdun)".

Aber entschieden unrichtig ist die Angabe der Bisthümer Utrecht, Lüttich, Cambrich und Dornick bei Lindner l. c. p. 75; sie stützt sich auf keine primäre Quelle.

[2]) Es ist unzweifelhaft, wenn auch in der späteren Literatur fast immer übersehen, dass Karls Königreich dem Deutschen Reiche eingeschlossen werden sollte. Das sagt unsre Hauptquelle, der Brief Albrechts, ganz deutlich „und under seiner Oberkait zu haben von des Reichs wegen, und das er die Königlichen Wirde und die Fürstenthum alle von einem Römischen Keyser empfahe." Müller l. c. 5. Vorst. p 598. Das entspricht ja auch den Auerbietungen des Kaisers aus früherer Zeit. Karl hatte damals durch den Markgrafen Rudolf von Hochberg erklären lassen, dass er bereit sei seine Lande vom Deutschen Reich zu Lehn zu empfangen Chmel Mon. Habsb. l. p. 30. Ueberhaupt lag die Loslösung der Provinzen vom Mutterlande ja durchaus nicht in den Wunsche Karls, der auch noch bei diesen Verabredungen sein altes Ziel im Auge behielt. Das wird die Erörterung der andern Punkte zeigen.

Bis in die neuste Zeit ist aber stets behauptet worden, dass der Her-

So blieb ihm die Aussicht, seinen Einfluss über das grosse Deutschland mächtig zu erweitern, da er als fortan rein Deutscher Fürst das Recht erhielt in Reichssachen verfassungsmässig mitzusprechen. Es ging die Rede, Karl wollte die Kur von Böhmen auf seine neue Krone übertragen haben [1]).

Wichtiger fast als die Rangerhöhung erscheint die Stellung, welche Karln an der Seite des Kaisers eingeräumt wurde Sie wird in den Quellen verschieden angegeben; am meisten für sich hat der Titel Vicarius. Agricola spricht in seinem Briefe überhaupt nicht von einer Erhöhung Burgunds zum Königreich, sondern nur, dass der Kaiser den Herzog zum Procurator oder Vicarius Imperii machen wollte [2]). „Und", fügt er mit merkwürdig richtigem Gefühl hinzu", diesem Amte kommt, wie man sagt, zu, alle abhanden gekommenen Rechte des Kaiserthums der Majestät des heil. Röm. Reiches wieder zuzuführen". Nach dem Briefe Albrechts von Brandenburg soll Karl die Stellung eines obersten Hauptmannes zu Seiten des Kaisers erhalten [3]). Aus jedem Worte des Briefes geht die Spannung hervor, mit welcher man des Burgunders Eingreifen in die Reichsverhältnisse entgegensah „Wann der Kayser . . den Herzogen von Burgundi an der Seyten (hat), warten all Unterthanen des Reichs, was sie zu thon haben, die mit dem Keyser und Im nicht eins wollen sein" [4]).

Hierin kehrt des Herzogs Lebensplan, wenn auch abgeschwächt, wieder. Er ward Mitregent und Coadjutor des Kaisers.

Man bedenke, welch bedeutungsvolle Wandlung unsre Geschichte erfahren hätte, wenn diese Verabredungen zur Ausführung

---

zog ein unabhängiges Königthum als Mittelreich zwischen Frankreich und Deutschland in Trier angestrebt habe, so auch noch von Lindner l. c p. 75 (Cöslin 1876) in offenbarem Widerspruch mit den von ihm sonst so sorgsam benutzten zeitgenössischen Angaben.

[1]) Zeitgenosse bei Chmel Mon. Habsb. 1. n. 13 (p. 51).
[2]) Bei Freher-Struve II. p. 305.
[3]) Müller Reichstags-Theatrum. 5. Vorstell. p. 598.
[4]) Ibid.
Albert Krantz ähnlich. „(Potissimum vero) id ferebant Imperii rebus maxime profuturum, ut Carolus per Imperium Vicarius, rex constitueretur ad edomandos Imperio rebelles aut minus parentes, et ad subjuga mittendos, qui olim ad Imperium pertinuissent" Saxonia p. 317.

gekommen wären. Die Macht der beiden vereinten Häuser Burgund und Habsburg hätten der Entwicklung der territorialen Selbständigkeit im Reich einen starken Damm entgegengesetzt, besonders unter der Führerschaft eines so willenskräftigen Fürsten wie Karl. Friedrich war entschieden bis an die äusserste Grenze des Möglichen gegangen, hatte aber die Grenzen der Verfassungsmässigkeit schon weit überschritten. Solche Rechte durfte er nur unter Beistimmung der Reichsfürsten, besonders der Kurfürsten vergeben. Das ganz Beispiellose seines Vorgehens fühlte Friedrich sehr wohl. Aber hier galt es einen Gewinn, wie er seinem Oesterreich noch nie zu Theil geworden war. Mit der ängstlichsten Sorgfalt suchte er den wahren Sachverhalt zu verhüllen. „Aber der Keyser hat das alles aus Vollkommenheit Keyserlichs Gewalts gethan, und meint es soll nymantz davon disputiren" [1]).

Um diesen Preis nun erreichte Friedrich die Einwilligung zur Heirath zwischen Maximilian und Maria, dem einzigen Kinde Karls. Da aus dessen Ehe mit Margarethe kein Nachkomme mehr zu erwarten stand, so durfte Habsburg auf die einstige Besitznahme der ungeheuren Erbschaft rechnen.

Die beiden Fürsten wollten in die engste Alliance mit einander treten, Karl soll auf das Bündniss mit dem Ungarischen König, dem Feinde Oesterreichs verzichten [2]). Polen und Böhmen soll in diesen Bund mit aufgenommen werden [3]).

Dann sollte sich Karl verpflichten dem Kaiser, so lange dieser lebte, gegen Feinde innerhalb und ausserhalb des Reiches mit 10000 Pferden zu warten. Zu jenen zählte vor allen der Pfalzgraf, und Karl sollte behülflich sein ihn gänzlich zu demüthigen.

---

[1]) Brief Albrechts Müller l. c. 5. Vorstell. p. 598.
[2]) Dlugosz hist. Pol. II. p. 500 srwühnt diese Forderung als eine Ursache der späteren Trennung. Brief Albrechts Müller l. c. 5. Vorst. p. 598.
[3]) Aber die Polnisch-Böhmischen Räthe waren nicht in Trier selbst anwesend, wie Lindner a. a. O p. 76 annimmt. Sie weilten beim Kurfürst Albrecht Achilles und trafen den Kaiser erst im Auf. des folgenden Jahres. In der Stelle des Briefes Albrechts „Die Pohlnischen und Bcheimischen Rete, die hie sind mit vollem Gewalt mit dem Keyser zu verbinden" bezieht sich das „hie" nicht auf Trier, sondern auf Cadolzburg, woher der Kurfürst schreibt; vgl. Dlugosz l. c. II. p. 499.

Das war ein hartes Ansinnen für Karl, der mit Friedrich von der Phalz in dauerndem Freundschaftsverhältnisse gestanden; es griff an seine fürstliche Ehre. Endlich wurde von Karl die Herausgabe der Pfandschaftslande gefordert [1]). So standen im Ganzen die Verhandlungen am Anfange des Monats November. Der Herzog war der frohen Hoffnung, dass sie zum sicheren Abschluss kommen würden. Trierische Kunstarbeiter fertigten bereits die königlichen Insignien Krone, Scepter, Ornat und Fahnen an. Im Münster wurde auf persönliche Anordnung Friedrichs neben dem kaiserlichen Thron ein Sitz für den neuen König errichtet. Der Bischof Georg von Metz war für Verrichtung der sacralen Handlung bei der Krönung ausersehen [2]).

Es schien sich in der That das ungeheure Ereigniss vollziehen zu wollen. Da löst sich allmählich das Einverständniss zwischen Kaiser und Burgunder, es drängen sich neue Schwierigkeiten zwischen sie, diese häufen sich immer mehr, — bis endlich die Katastrophe eintritt.

Den beiden verhandelnden Fürsten konnte nicht entgehen, welch' bösen Eindruck ihre Besprechungen und Verabredungen auf die anwesenden Reichsmitglieder machten. Eine Verbindung dieser grossen Herrscherfamilien bedrohte die im Laufe der geschichtlichen Entwicklung zu immer grösserer Selbständigkeit heranwachsenden Gewalten innerhalb des lockeren Reichsverbandes mit furchtbarer Gefahr. Mit Scheu nnd Bangen sahen die Reichsfürsten auf diesen Handel. Selbst der unzerzagte Albrecht Achilles schreibt hierüber an Herzog Wilhelm mit mühsam verdeckter Angst. Der Herzog solle gegen Niemanden etwas verlauten lassen „dass es kein Menschen, dann ihr erfar, dann ir wist was uns doran gelegen ist, damit wir nicht gemeldet werden" [3]). Um wie viel grösser musste die Furcht, die Eifersucht, die Abneigung vor den Burgundischen Plänen bei den in Trier anwesenden Grossen des Reichs sein, die den Stolz und Ehrgeiz des Herzogs aus eigener Anschauung kennen lernten.

---

[1]) Müller l. c. p. 598. Chmel Mon. Habsb. l. p. 89. Dlugosz II. p. 500.
[2]) Basin l. c. II. p. 325. Chmel Mon. Habsb. l. p. 48; ibid. p. 51.
[3]) Müller a. a. O. 5. Vorstell. p. 598.

Karl hatte wohl aus Unkenntniss des Deutschen Charakters und der Deutschen Verhältnisse die Schwierigkeiten unterschätzt, auf die er bei der Durchführung seiner Absichten stossen sollte. Als er die Zustimmung der Reichsfürsten zu den Abmachungen in dringender Weise nachsuchte[1]), erhoben sie auf's entschiedenste Einsprache gegen alle Verabredungen als Eingriffe in die Rechte die ihnen als Berather des Kaisers zukamen[2]). Unläugbar ist aus ihrer Mitte das eigentlich entscheidende Moment hervorgegangen, welches die Zusammenkunft scheitern machte. Die anwesenden geistlichen Kurfürsten, die Erzbischöfe von Mainz und Trier vor allen haben daran gearbeitet. Nicht umsonst sandte Karl sofort nach dem Bruche zu ihnen und hat „ettlich ernstleich red mit in gethan, die in nicht wohlgefallen haben"[3]). Bald darauf suchte er das Gebiet der Trierer Diöcese von Luxemburg aus mit Feuer und Schwert heim. Die rheinischen Kurfürsten sahen mit Besorgniss, wie der Burgunder seine Grenzen und seinen Einfluss immer höher den Rhein hinaufschob. Jetzt eben sollten ihm die Vogteirechte über drei Deutsche Bisthümer übertragen werden; auch war nicht unbekannt, dass er bei dem Kölner Streit seine Hand mit im Spiele hatte. Er hatte noch kurz vor seinem Einzuge in Trier Beweise gegeben, wie selbstherrlich er hier aufzutreten gedachte. Einen Kölner Bürger hatte er von einem seiner Unterthanen vor seinem eigenen Gericht wegen Schulden verklagen lassen und dem Rath von Köln durch einen Herold erklärt, er erwarte, dass seinem Unterthanen Recht geschehe. Auch schrieb er den Kurfürsten am Rhein, sie sollten die Weinzölle abthun, während er selbst solche errichtete[4]).

---

[1]) „Doch hütt der Herzog die Verwilligung der Kurfürsten gern und ist hart darnach gestanden" Brief Albrechts l. c.
[2]) „Wisst fürwar . . , dass die Kurfürsten nichts bestetigt haben" ibid. Die Antwort Herzogs Wilhelm v. Sachsen (Müller a. a O 5 Vorstell. p. 599), dessen Datum Chmel Habsb. Chronik Mon. Habsb. 1. p. LXXIV. und Lindner l. c. p. 10. anstatt Sonntag purificationis Mariae (d. i. d. 2. Febr.) richtig in praesentationis Mariae (d. i. d 21. Nov.) verändern, zeigt uns das lebhafte Interesse, welches auch die nicht in Trier anwesenden Fürsten an den Vorgängen dort nehmen.
[3]) Chmel Mon. Habsb. 1 p. 52.
[4]) Anzeig. f. Kunde etc. XI p. 203. 204.

Das alles war wenig geeignet das Vertrauen und den guten Willen der geistlichen Kurfürsten, die als die einzigen ihrer Collegen in Trier anwesend waren, zu erwecken und ihre Zustimmung zu erhalten. Von ihnen grade und den anderen Deutschen Vornehmen ging damals der entscheidende Schritt zur Vernichtung der zwischen Kaiser und Herzog errichteten Verträge [1]). Eine national Deutsche zugleich aber wesentlich von Standesinteressen geleitete Reaction kam immer mehr zum Ausdruck. Auch mochte bei den Anschauungen jener Zeiten die ostentative Prachtentfaltung Karls, die selbst den Glanz der Kaiserkrone erbleichen machte, nicht wenig dazu beitragen, die Kluft zwischen Welsch und Deutsch zu erweitern [2]). Die Deutschen mochten mit Groll auf das Gebahren der übermüthigen Fremdlinge schauen und den lebhaftesten Widerwillen dagegen empfinden, dass diese in den Verband des Reiches aufgenommen werden sollten. Der Herzog selbst hat wohl am wenigsten sich Mässigung auferlegt, sein Stolz und seine Herrennatur ist bei dem langen Zusammensein gegen den schwachherzigen Habsburger zum Ausbruch gekommen. Das grossartige Auftreten des Herzogs, der die Deutschen in Trier wie seine Gäste behandelte, barg etwas Verletzendes für die Majestät des Kaiserthums, wenn ihr Träger auch ein Friedrich III. war. Man sprach, dass eine gewisse Eifersucht zwischen ihnen hervortrete [3]). Bald entstanden Zweifel und

---

[1]) Die Ansicht Linduers l. c. p 81, dass Kurfürst Albrecht „die Seele der fürstlichen Opposition" gewesen, entbehrt der Begründung. Albrecht war ja gar nicht in Trier zugegen, die Worte seines Briefes beweisen zwar sein lebhaftestes Interesse an den dortigen Verhandlungen, verrathen aber keine Feindschaft gegen Karl. „Wir wollen es zu dem besten anslahen. Es würdt dadurch gemeiner Fried im Reich, und gewint der Keyser in seinen Landen auch Friede, ob Gott will, damit man dem Türcken desterbass wiedersteen mag", urtheilt er über die ihm gemachten Mittheilungen. Müller l. c. 5. Vorstell. p. 598. Karl hatte grade des Kurfürsten Anwesenheit in Trier gewünscht und von ihm thätige Förderung seiner Sache erhofft. Anzeig. f. Kunde etc. XI. p. 211.

[2]) Bei Commines ed. Dupont I. p. 167 erscheint dies als wesentlichste Ursache des Bruches.

[3]) „Illum quidem inuidere minori, hunc vero contemnere maiorem" Agricola bei Freher-Struve II. p. 305.

Basin a. a. O. ed. Quicherat II. p. 321, 322 erzählt auch von dem Prunke Karls, der in Aufsehen erregender Weise die Majestät des Kaisers überstrahlte.

Misstrauen in die Aufrichtigkeit der beiderseitigen Gesinnung. Jeder wollte zuerst seine Forderung erfüllt sehen [1]; dazu kam die persönliche Charakterverschiedenheit. Friedrich wurde dem heissen Begehren des Burgunders immer mehr entfremdet und war jetzt für den Einfluss Seitens seiner Deutschen Umgebung zugänglicher. Damit war er für die Sache Burgunds verloren. Er sah, wie alle Deutschen Herren der Verbindung mit dem Romanen widerstrebten, wie selbst sein vertrautester Rath Graf Hugo von Werdenberg die Forderungen Karls zurückgewiesen haben wollte [2].

Seine Lage war ernst und kritisch. Es galt sich zu entscheiden, ob er noch etwas Fühlung mit Deutschland, dessen erkorenes Oberhaupt er war, behalten oder ob er jeden Rückhalt aufgebend sich unbedingt dem ehrgeizigen Herzog in die Arme werfen wollte. Dann aber musste er sich sagen, würde er auf den Standpunkt völliger Nullität gedrückt werden. Gegen eine solche Rolle musste sich sogar sein mattes Herz sträuben.

Dazu kamen Schwierigkeiten anderer Art. Es war von Karl gefordert, dass er alle dem kaiserlichen Interesse zuwiderlaufende Bündnisse lösen sollte, vor allem das mit dem Pfälzer. Dieser hatte aber grade bei Karl Schutz gesucht, zu ihm seine Gesandten nach Trier geschickt, damit er sein mächtiger Fürsprecher bei dem Kaiser werde. Friedrich aber hasste den ungehorsamen Kurfürsten aus Grund der Seele, wollte von einer Verständigung mit ihm nichts hören und stellte ganz unerfüllbare Bedingungen als Preis für eine Aussöhnung. Der Pfälzer sollte 32000 Goldgulden Reugeld zahlen, dazu die Landvogtei im Elsass, welche sich besonders über die Reichsstädte Strassburg, Mülhausen u. a. erstreckte [3] und die Mortenau herausgeben [4]. Friedrich wollte den rebellischen Fürsten gründlich demüthigen, und Karl sollte ihm hiebei behülflich

---

[1] Agricola bei Freher-Struve II. p. 305.
[2] Dass der Graf den Plänen Karls abgeneigt war wird von dem Zeitgenossen bei Chmel Mon. Habsb. I. n. 14 (p. 53) erzählt.
[3] Mone Einleitung zur Reichschronik über Peter von Hagenbach Quellensammlung etc. III. p. 206.
[4] Brief des Pfälzers 1474 Donnerstag nach Conversio Pauli (Müller 5. Vorstell. p. 601—602), worin er alle Schritte aufzählt, die er zur Aussöhnung mit dem Kaiser gethan. Vgl. dazu den Brief Albrechts v. 13. Nov. 1473 ibid. p. 598.

sein. Aber dieser gab seinen Schützling nicht Preis, sondern suchte den Kaiser milder zu stimmen; „als sein g. (d. i. Karl) sich umb den phalczgrauen hat angenomen, hat der kaiser ein misstrawn zu ihm gewunen vnd sein vasst in irrsal geuallen" [1]). Friedrich kam dem Burgunder mit der Gegenbitte, er solle den Grafen von Mörs, der als Hauptmann und Insasse von Geldern durch Karl an seinem Gute schwer geschädigt worden war [2]), begnadigen und ihm den Verlust wieder ersetzen. Da antwortete Karl, ungeduldig über die Hartnäckigkeit des Habsburgers, er würde genau soviel in Bezug auf den Grafen von Mörs nachgeben, als Friedrich in der Sache des Pfalzgrafen gewährte [3]).

Jedoch noch mehr feindliche Elemente drängten sich zwischen die bereits einander entfremdeten Fürsten. Sie kamen von der Seite des Todfeindes Karls, des Französischen Königs. Bereits damals hatte dieser mit dem Erzherzog Sigmund angeknüpft, ihm zur Wiedererlangung der oberrheinischen Lande seine Hülfe angeboten. Es waren die ersten Keime der für Karl im nächsten Jahre so verhängnissvoll hervortretenden Coalition zwischen Habsburg, Frankreich und der Schweiz. Der Burgunder merkte wohl, was Sigmund hinter seinem Rücken betrieb [4]), wenn er auch dessen Gesandten gegenüber sein Vertrauen zu dem Erzherzoge betonte [5]). Der Kaiser selbst hatte mit ihm über eine Rückgabe der Pfandschaftslande verhandelt [6]). Man sieht nicht ganz klar, ob Friedrich die Lande für seinen Neffen Sigmund zurückforderte, oder ob er sie sich selbst zuwenden wollte. Die Quellen machen letzteres wahrscheinlicher. Sicherlich aber hatte hier Ludwig XI. seine diabolisch geschickte Hand im Spiele. Schon im Sept. 1473 hatte ihn Bern auf die Verhand-

---

[1]) Chmel Mon. Habsb. I. n. 14 (p. 53). In dem Bericht des Augenzeugen ibid. n. 13 heisst es „hat mein herr von Burgundi unsern herrn den röm. k. gepeten für mein herrn den pfalzgrafen, hat unser herr der kayser des kain red hören noch gestatten wöllen".

[2]) Er hatte als Hauptmann des Herzogthums 20000 fl. jährliche Einnahmen, die er nun verlor.

[3]) Chmel Mon. Habsb. I. p. 52.

[4]) Bericht der Abgeordneten Sigmunds Chmel Mon. Habsb. I. p. 47.

[5]) Chmel Mon. Habsb. I. p. 49.

[6]) Brief Albrechts Müller 5. Vorstell. p. 598. Dlugosz hist. Pol. II. p. 500. Chmel Mon. Habsb. I. p. 89.

lungen zu Luxemburg und Metz aufmerksam gemacht [7]). Doch bedurfte der alle Bewegungen seines Gegners mit Argusaugen bewachende Ludwig XI. überhaupt eines solchen Hinweises? Durch seine Beziehungen mit Sigmund wurden ihm die Trierer Vorgänge ja ganz nahe gerückt. Dazu war seine Feindschaft mit Burgund dort ja in der ostensiblesten Weise Gegenstand öffentlicher Verhandlungen gewesen. Noch im Briefe Albrechts vom 13. Nov. wird von einem Einigungsversuche Karls mit dem Französischen König durch den Kaiser gesprochen [2]). In Trier zog sich eine Gefahr für den König und sein Reich zusammen, der er aus allen Kräften vorzubeugen suchen musste. Hätte Karl Lothringen und die Kraft Deutschlands zu seinen schon an sich unermesslichen Hülfsmitteln hinzugefügt, dann wäre das letzte Glied der eisernen Kette gefügt worden, die Frankreich in Fesseln geschlagen hätte. Schon hatte der rebellische Herzog von der Bretagne seine Boten im Burg. Lager bei Trier [3]).

Es lässt sich nicht genau fesstellen, in welcher Weise Ludwig seinen Einfluss in Trier geltend gemacht hat. Ein Zeitgenosse, dem wir schon manche gute Nachricht verdanken, meldet von einem warnenden Schreiben an Friedrich [4]). War es dies, oder hat der König durch geheime Agenten auf den Kaiser eingewirkt, jedenfalls kam von seiner Seite der Tropfen, der den Becher überfliessen machte.

In dem fast dramatisch gefärbten Berichte der Abgesandten Sigmunds über die letzten Stunden des Trierer Aufenthaltes erscheint Friedrich III. wieder ganz der national Deutschen Sache wiedergegeben. Jetzt war er es, welcher zur Trennung drängte. Am Abend des 24. November schickte Karl zum letzten Mal seine vornehmsten Räthe in die erzbischöfliche Pfalz. Sie trafen den Kaiser umgeben von den Grossen des Reiches und baten vor dieser erlauchten Versammlung im Namen ihres Fürsten, nicht durch die Abreise jeden Weg einer Einigung abzuschneiden. Als Möglichkeit einer neuen Annäherung möchte er wenigstens zugeben, dass an

---

[1]) E. v. Rodt Feldzüge etc. I. Bd. p. 178. 179. (Schaffhausen 1843).
[2]) Müller 5. Vorstell. p. 598.
[3]) Comines ed. Lenglet II. p. 209.
[4]) Chmel Mon. Habsb. I p. 53.

einem andern Orte, Besançon oder Basel, über die schwebenden Fragen weiter berathen werde. Vom Kaiser wenden sich die Burgundischen an die Reihe der Deutschen Fürsten. Es war zu spät[1]).

Beim Morgengrauen des nächsten Tages brach Friedrich mit seinem Gefolge auf und fuhr zu Schiff die Mosel hinunter nach dem Rhein. Es war ein vollständiger bewusster Bruch. Nicht einmal persönlichen Abschied nahm er von dem Manne, mit dem er kurze Zeit vorher innige Familienbande knüpfen wollte[2]).

Am Nachmittage verliess auch der Burgunder den Ort, wo die Trümmer seiner stolzen Hoffnungen zurückblieben, und zog hinweg in's Luxemburgische[3]).

Das war der Wendepunkt in Karls Leben.

---

[1]) Chmel Mon. Habsb. I. p. 50. 51.
[2]) Chmel Mon. Habsb. I. p. 51. Basin ed. Quicherat II. p. 326.
[3]) Burg. Hofzeitung Comines ed Lenglet II. p. 209.

Excurs No. 1.

Ueber die Höhe der in dem Pfandvertrage von St. Omer vom 9. Mai 1469 verhandelten Summen.

Ueber die Bedingungen, unter welchen die oberrheinischen Landschaften Habsburgs im Mai 1469 an den Herzog Karl von Burgund gekommen sind, haben die verschiedensten sich widersprechenden Ansichten geherrscht, bis wir nach der Veröffentlichung der bezüglichen Actenstücke aus dem Burgund. Archiv zu Dijon durch Zellweger im 2. Band des Schweiz Museums für hist. Wissenschaften Frauenfeld 1838 in den Stand gesetzt worden sind, die Sachlage zu überblicken. Zellweger a. a O. p. 113. 114 bespricht die Angaben Aelterer; wir fügen noch hiuzu P. Ochs Geschichte der Stadt und Landschaft Basel 4. Bd. p. 188 (Basel 1819), der einen Pfandschilling von 80000 fl. neben den 10000 den Schweizern gezahlten Gulden erwähnt. J. v. Müller Geschichte der Schweiz. Eidgenossenschaft 4. Th. p. 575 (Leipzig 1805) giebt nur den Pfandschilling von 50000 Gulden an. Ebenso Lichnowsky Geschichte des Hauses Habsburg VII. p. 125 (Wien 1843).

Wenn wir so erst durch Zellwegers Publikation in den Stand gesetzt sind die Einzelheiten des Vertrags genau kennen zu lernen, so ist doch Zellweger's Berechnung jener Summen und ihrer Vertheilung nicht in allem richtig.

Vorzüglich wichtig für unsre Darlegung ist eine Urk. Erzherzogs Sigmund Insbruck 1473 Juni 5, abgedruckt von Zellweger im Schweiz. Mus. II. p. 328—331 aus dem Archiv zu Dijon und nochmals nach einem Manuscr. des Oesterreich. Staatsarchivs von J. Chmel Monumenta Habsburgica I. p. 17—20 (Wien 1854). Beide Abdrücke weisen nur geringe Varianten auf, die meist nur orthographischer Art sind. Die Urk. ist von Zellweger entschieden missverstanden worden, wenn er sie überschreibt „Herzog Siegmund von Oestreich löst Ensisheim, Pfirt, Thann, Maasmünster, Landeschre und Altkirch mit fl. 8000 und fl. 2400 Rückständen (Schweiz. Mus. II. p. 328. Dieselbe Ansicht Zellwegers ist angedeutet l. c II. p. 114 115.) Das richtige ist vielmehr in der Ueberschrift bei Chmel angedeutet „H. Sigmund schlägt auf die Pfandsumme von Elsass und Pfirt noch 10400 Gulden" (Mon. Habsb. I. p. 17) [1]. So allein kann die Urkunde verstanden werden. In ihr erwähnt Sigmund des Pfandvertrages mit Karl aus dem J. 1469 und seines Wiedererwerbungsrecht, wenn er folgende Summen gezahlt:

1) den Pfandschilling von 50000 Gulden,
2) die Kosten, welche das Instandhalten und Bewahren der Ortschaften und Burgen dem Burgundischen Herzog gemacht,
3) die Summen, welche Karl zur Einlösung der Pfandschaften von ihren Inhabern gezahlt.

Zu diesen Schulden an Karl constrahirt Sigmund jetzt nach mehreren Jahren eine neue von 10400 Gulden, um dadurch eine ältere Schuld an „domino Marco de Baldech, militi in civitate Basilice residenti" los zu werden: „predictus consanguineus (i. e. Carolus) . . consentiit soluere pro ipsis ad nostri exonerationem domino Marco de Baldech . . summam octo milium florenorum Rheni auri una cum arreragiis ad summam duorum milium et quatuor centum florenorum Rheni auri ascendentibus . ." (Chmel l. c. I. p. 18). Karl hat also an Sigmund 10400 Gulden zur Tilgung einer Schuld gegenüber dem Baseler Ritter Marx von Baldech gegeben. Damit ist von Sigmund eine neue Anleihe bei dem Burgunder gemacht worden, die ebenfalls auf die Pfandschaftslande geschlagen war, nicht aber gehört diese Summe zu der allgemeinen grossen Summe von 180000 Gulden, die in St. Omer Mai 1469 zur Sprache kam. Dass die 10400 Gulden als etwas neu hinzukommendes aufzufassen sind, geht auch aus dem Weiteren des

---

[1] Und ebenfalls noch bestimmter Mon. Habsb. i. p. 509, 510.

Documents hervor „. . declaramus eidem Karolo . . dictas summas octo mil**i**um florenorum pro principali et duorum milium et quatuor centum florenorum Reni auri pro dictis arreragiis fore in crescentiam et augmentationem pignorationis principalis etc. (Chmel l. c. I. p. 19). Dann spricht Siegmund von der Zahlung dieses Geldes durch Karl an Marx von Baldech, sie sei „pro nobis et ad nostri exonerationem" geschehen. Das sagt doch nur, Karl habe dem tiefverschuldeten Sigmund wieder einmal durch Geld ausgeholfen; nicht aber will Sigmund damit die in der Urk. genannten Orte von Marx von Baldech einlösen, wie Zellweger l. c. meint. Dazu hätte Karl nimmer sein Geld hergegeben, die Pfandschaften wollte er dauernd behalten. Uebrigens besass Marx von Baldech die Orte auch gar nicht als Pfandinhaber, er wird nicht unter den in St. Omer anwesenden Pfandgläubigern genannt. Auch ergiebt sich bei genauer Betrachtung der fraglichen Stelle, dass die in der Urk. erwähnten Ortschaften nicht als solche erscheinen, die von Sigmund an Marx verpfändet worden, sondern die Sigmund für seine Schuld an Marx Bürgschaft geleistet haben. Es wird nicht der Ausdruck pignus, pignerare oder impignerare gebraucht, sondern es heisst „pro quarum (i. e. summarum) securitate et solutione Burgenses et habitantes villarum seu oppidorum de Englessen (d. i. Ensisheim), Ferrates (d. i. Pfirt), Trüix (emend. Thanne), Maisenual (d. i. Maasmünster), Lantzer (d. i. Landesehre) et Altekirch (d. i. Altkirch) se constituerunt pro nobis cautiones".[1]) So gehören diese 10400 Gulden gar nicht zu den in St. Omer 1469 verhandelten Summen.

Dann muss ich mich auch gegen Zellweger wenden, wo er (Schweiz. Mus. II. p. 114) zusammenfassend die Summen des Vertrages erörtert. Danach wären es im Ganzen 198100 Gulden gewesen, für die Herzog Sigmund seine Lande schon vorher verpfändet hätte. Zellweger glaubt, dass zu den 180000 Gulden, wie sie in den Urkk. von 1469 Mai 9. fest umgrenzt angegeben werden, noch

---

[1]) Die Namen der Orte haben in beiden Abdrücken auch in dem besseren bei Chmel Mon Habsb. eine entsetzliche Orthographie. Das ganz sinnlose Trüix bei Chmel l. c. p. 18 ist leicht aus dem Texte bei Zellweger Schweiz. Mus. II. p. 330 in „Tanne" zu emendiren.

18100 fl. zuzurechnen seien, für welche Rheinfelden an die Stadt Basel verpfändet war und für die es Karl laut der Urkk. aus den Jahren 1469. 1471. 1472 (Schweiz. Mus. II. p. 306 ff., p. 322—325 und p. 325—328) von den Baselern einlöste. Zellweger findet es auffallend, dass diese Verpfändung nicht in den Urkk. vom 9. Mai 1469 erwähnt wird, und fügt sie als etwas neues zu den 180000 fl. hinzu.

Dagegen muss ich behaupten, dass nur die 180000 fl., und nicht mehr, die Summe waren, wofür Sigmund seine Besitzungen am Oberrhein bereits verpfändet hatte; sagt er doch ausdrücklich zu St. Omer „quod summa pro qua omnia dicta opida seu castra, redditusque et dominia impignorata sunt summa centum et octoginta milium florenorum Renensium omni fraude remota non excedit" (Schweiz. Mus. II. p. 117. 118). Wenn bald darauf Rudolf Markgraf von Hochberg, Peter von Meersperg, Thüring von Hallwil, Ludwig von Maasmünster und Marx von Stein angeführt werden, die in dies Pfandgeschäft einwilligen (Schweiz Mus. p. 118), so folgt daraus nicht, dass sie die einzigen Pfandgläubiger waren, die sich in die 180000 fl. theilten. Sie waren Vasallen Sigmunds und auf sein Anmahnen nach dem Burg. Hof mitgekommen. Die anderen Pfandgläubiger werden nicht namentlich angeführt, wohl aber die Ortschaften und unter ihnen auch Rheinfelden „locum et oppidum in quo erat castrum Rinvelden nomine lapis cum dominiis et attinentiis citra et ultra Rhenum, Opidum Rinvelden" (Schweiz. Mus. II. p. 117). Die Verpfändung Rheinfeldens an Basel für 21100 fl. hatte am 13. Febr. 1467 stattgefunden (P. Ochs Geschichte von Basel IV. p. 152—155). Von diesen 21100 fl. muss Sigmund noch vor dem Vertrage mit Karl aus dem J. 1469 3000 an Basel abgetragen haben; denn nachher wird nur von einer Schuld von 18100 gehandelt. Sie wird ihnen in dreimaligen Raten durch Karl abgestattet Ende 1469, 1471 und 7. Jan. 1472. Zwar sind die Baseler nicht in St. Omer zugegen; aber ihre Pfandschaft Rheinfelden wird in der Urk. vom 9. Mai 1469 genannt und ist den 180000 Gulden einzurechnen.

Der Pfandschilling, den Sigmund von Karl empfing, betrug 50000 fl, von denen 10000 gemäss dem Waldshuter Frieden an die Schweizer abgeführt wurden, die anderen 40000 Sigmund durch seinen Vasallen den Ritter von Meersperg in Empfang nahm. Zu diesen 50000 fl. sind die Ausgaben Karls für Reparation und Erhaltung der Schlösser und Burgen etc. und jene 10400 fl. hirzuzurechnen, die Sigmund bei dem Burgunder aufnahm, um sie dem Baseler Ritter Marx von Baldech zu bezahlen.

Danach mag die Summe von 80000 fl. kerauskommen, welche später zur Auslösung in Basel deponirt wurden.

Excurs No. 2.

Chronologische Bestimmung der Dokumente über die Burgundische Heirath aus den Jahren 1469—1473.

Das früheste dieser Actenstücke ist entschieden das lebensvolle Instructionsschreiben Sigmunds für seine Gesandten Ulrich von Frundsberg und Ludwig von Masmünster an Friedrich III. in J. Chmel Mon. Habsb. II. p. 131—135, das vom Herausgeber zu spät in das J. 1470 gesetzt worden ist. Es gehört sicher in das J. 1469 und ist abgefasst bald nach der Begegnung mit Karl Frühling 1469. Dafür zeugt der ganze Ton, die frischen Farben der Erzählung, die noch dem unmittelbaren Eindruck der Erlebnisse unterliegt. Auch ist es ja die erste Meldung, die dem Kaiser über die Sache gemacht wird, und dieser steht bereits am 28. Sept. 1469 mit Burgund in gesandtschaftlichem Verkehr (Comines ed. Lenglot II. p. 194). Wir möchten das Stück am liebsten in den Juli 1469 setzen, wo der Gesandte Sigmunds Ulrich von Frundsberg am kaiserlichen Hofe zu Gratz weilt und am 11. und 21. mit seinem Bruder Hans grosse Privilegien erhält (Chmel regg. No. 5620, 5621, 5627).

Das nächste höchst wichtige Stück findet sich in den Preuves zu Comines ed. Godefroy-Lenglet III. p. 238—245 mit dem falschen Datum Ende des J. 1472 versehen Foster Kirk history of Charles the Bold vol. II. p. 179 (London 1863) hat es in ganz überzeugender Weise dem Anf. des Mai 1470 zugewiesen. Derselbe hat auch (ibid. p. 179 und p. 181) berechtigte Zweifel gegen die Chronologie der folgenden Stücke bei Chmel Mon. Habsb. I. erhoben, berührt die Frage aber nur obenhin [1]). Die andern Urkunden des J. 1470 sind von Chmel im 1. Bd. der Mon. Habsb. abgedruckt, aber sämmtlich falsch datirt. Besonders fällt dies bei n. 7 auf, da das Stück ja leicht seine Ausstellungszeit erhalten kann aus dem Deutschen Texte, den Chmel einige Seiten vorher als ein besonderes Document eingerückt hat, und bei dem das Datum „Geben zu Insprugk des XXVI. tags des monads September a. D. etc. LXX." am Ende steht. Der lateinische Text bietet wohl das Gewand dar, in dem der Brief dem Herzoge von Burgund übergeben wurde. Die officiellen Schriftstücke jener Zeit wurden noch meistens in lateinischer Sprache abgefasst. So antwortet Herzog Karl am 15. Jan. 1471 auch in lateinischen Worten (Chmel Mon. Habsb. I. p. 13)

Die zwei Briefe des Erzherzog Sigmund gehören enge zusammen, sie wurden dem Edlen Dietrich von Rumland mitgegeben [1]) als Antwort auf die ausführlichen Eröffnungen Karls vom Mai 1470. Der erste betrifft den Erzherzog selbst und seine Bedrängniss durch die Schweizer, der andere bespricht die Burgundische Heirath Die officielle Antwort Seitens des Herzogs von Burgund erfolgte am 15. Jan. 1471, sie ist kurz und behandelt fast nur die Eheangelegenheit. Nur am Schlusse wird mit Bezugnahme auf das Sigmundsche Schreiben hinzugefügt „quod autem ad Zuicheros attinet, scribimus in presentiarum ad eos et delegamus oratorem non incognitum vobis" (Chmel Mon. Habsb. I. p. 14). Derselbe Dietrich von Rumland, den Sigmund an den Burgundischen Hof gesandt, wird hier erwähnt, Karl verweist auf die Mittheilungen, die er dem Gesandten gemacht.

Das Schriftstück Chmel Mon. Habsb. I. n. 8 ist entweder

---

[1]) Jetzt hat in ziemlich zutreffender Weise Lindner l. c. p. 3—5 die chronologische Ordnung gemacht. Doch stimme ich nicht in allem mit ihm überein.

[2]) Dass Dietrich auch den ausführlicheren Brief über das Heirathsprojekt überbrachte geht aus Chmel Mon. Habsb. I. p. 24 hervor „Item man sol ein potschaft schicken gen Burgundi, herrn Dietrichen von Rumblanng nach in der sachen des heyrats wie dann der von Herrn iakoben gefertigt wurdet". Wahrscheinlich hat dieser Jakob den Brief abgefasst, war also Sekretair bei Sigmund.

gleichzeitig mit der Antwort Karls vom 15. Jan. 1471 zu setzen oder etwas später. In ihm richtet Markgraf Rudolf von Hochberg im Auftrage Karls die vertrauliche Bitte an Sigmund die Bedenklichkeiten des Kaisers zu heben und verweist auf den Brief seines Lehnherren von 1471 Jan. 15. und auf Rumland, der am Burgundischen Hof in die Wünsche Karls eingeweiht worden war „Gnediger Her ewr gnad verstat wol inn der geschrifft so euch myn genanter H. von B. tudt desgleichen an her Dittrichs von Rumlangs ewr gnad rat und diener" etc. (Chmel Mon. Habsb. I. p. 29).

Somit rangiren der Zeitfolge nach die Stücke, welche uns Einblick gewähren in die Verhandlungen der Jahre 1469—1471, folgender Maassen:

1. Sigmund empfiehlt dem Kaiser die Burgund. Heirath (Chmel Mon. Habsb. II. p. 131—135), aus dem Sommer 1469.

2. Propositionen Karls vom Mai 1470 Com. ed. Lenglet III. p. 238—245.

3. Friedrichs Vollmacht und Instruktion für seinen Neffen Erzherzog Sigmund; aus dem Sommer 1470 (Chmel Mon. Habsb. I. n. 4).

4. Die zwei Briefe Sigmunds v. 26. Sept. 1470 an Karl Chmel Mon. Habsb. I. p. 6 und 7 (= n. I D).

5. Antwort Karls von 1471 Jan. 15. (Chmel Mon. Habsb. I. n. 1 E).

6. Schreiben des Markgrafen Rudolf von Hochberg (Chmel l. c. I. n. 8).

Die beiden interessanten Instruktionen Karls für seinen Landvogt Peter von Hagenbach, die uns in die wieder angeknüpften Verhandlungen des J. 1473 einführen, sind auch ohne Datum überliefert. Da in ihnen von einer persönlichen Zusammenkunft noch nicht die Rede ist, sondern nur von einem Gesandschaftstage in Aachen (Chmel Mon. Habsb. I. p. 32 und ibid. p. 34), und wir zum ersten Mal am 23. Juni 1473 von dem Plan einer persönlichen Begegnung erfahren (s. S. 40), so dürften jene bedeutenden Documente wohl in den Anfang Juni fallen, in eine Zeit, wo der Kaiser mit den Deutschen Ständen noch in Augsburg tagte.